アルカリと酸で洗う本

洗濯と掃除、そしてキッチン

生活と科学社「**石鹸百科**」監修

挿画/西村しのぶ

せせらぎ出版

はじめに

　環境保全への意識が高まるにつれ、できるだけ無駄なエネルギーを使わずに暮らそうと考える人が増えてきました。「○○専用洗剤」の類を使わずに身のまわりをきれいにする「ナチュラルクリーニング」もその手段のひとつ。身近なものが意外な洗浄力を発揮するおもしろさもあって、さまざまな方法がテレビや書籍などで紹介されています。
　しかし、その広まりかたが少し急すぎたのでしょうか。アイテムの特徴をよく知らされないまま使ったせいで汚れが落ちなかったり、ある特定のアイテムだけで何でも洗おうとして無駄な量を使ってしまったり。「画期的な万能エコ洗剤」を高値で買ったけれど、実は効果がよくわからなかった……などの残念な体験談も聞こえてきます。せっかく思い立って行動を起こしたのに、その気持ちが十分に生かされないのはとてももったいないことです。同じ手間暇をかけるなら、それに見合った（あるいはそれ以上の）成果を得たいもの。そのために、私たちはどうすればよいのでしょう。
　方策はいろいろありますが、そのうちでもっとも効果的なのは「知識」をもつことです。洗うとはどのようなことなのかを科学的に理解し、必要最小限のアイテムで合理的に汚れを落とす方法を知ることです。そうすれば、アイテムと気力体力を無駄づかいすることもなく、ニセのエコ商品に手を出すこともなく、小さなコストで大きな成果を得ることができます。
　本書では、その合理的なクリーニングアイテムとして「アルカリ」と「酸」をご紹介したいと思います。これらのアイテムは界面活性剤入りの洗剤より環境負荷は低く、使い方も簡単。家事に不慣れな人でもすぐに使いこなせます。成分がシンプルなので応用がきき、専用洗剤をいくつも揃えるよりずっと安上がり。「○○用」という名前がなくても、化学的な特性を正しく理解して使えば驚くほどきれいに汚れが落ちます。
　化学的な特性だなんて、そんな難しい話は……と、とまどわれる方もいらっしゃるかもしれません。でも、安心してください。この本はあくまでもアイテム使いこなしレシピが主役の本。化学的な知識はそれを力強くサポートする、いわば名脇役なのです。レシピを実践するうちに「なぜこのアイテムがこの汚れに効くの？」と疑問に思ったら、そのとき初めて必要

なページを開いてみてください。基本的な仕組みがわかれば、より効果的な使い方ができるようになるかもしれません。

　本書の内容は、石鹸に関する情報サイト「石鹸百科」のコンテンツがベースになっていますが、書籍化にあたって新たに作成したレシピや項目もたくさんあります。最初はそれらのうちからひとつかふたつ、実行できるものだけを試してみてください。そして、それがうまくいったらまたもうひとつ……そうすることで、いつの間にか気持ちのよい暮らしが実現していた。環境のためにもなっていた。化学にも、ちょっと詳しくなっていた。そんな一石二鳥の百科流エコライフを、今日からあなたも始めてみませんか。

CONTENTS

はじめに ———————————————————————————— ii

第1章　百科流　家事の基本アイテム ———————————— 1

セスキ炭酸ソーダ ———————————————————————— 2
炭酸ソーダ ——————————————————————————— 4
過炭酸ナトリウム ——————————————————————— 6
重曹 ——————————————————————————————— 8
クエン酸 ———————————————————————————— 10
酢酸 ——————————————————————————————— 12
アンモニア水 —————————————————————————— 14
エタノール ——————————————————————————— 16
あると便利なサポートアイテム ————————————————— 18
スプレーボトル／シェーカー／精油（エッセンシャルオイル）／ビーカー／漏斗（ろうと・じょうご）／石鹸／たわし・ブラシ／スポンジ／アクリルたわし／スクレーパー／ぼろ布（ウェス）／洗濯板／洗濯ブラシ

西村しのぶの百科流生活 ［洗濯編］ ————————————— 22

第2章　百科流　家事レシピ集 ——————————————— 23

◆洗濯と衣類の手入れ ————————————————————— 24
洗うべきかどうか確かめる／汚れの種類を確かめる／洗濯物の素材を確かめる

アルカリ洗濯その1　セスキ炭酸ソーダ・炭酸ソーダで ———— 26
洗い方／すすぎ／成功させるためのヒント／アルカリ洗濯の歴史

アルカリ洗濯その2　過炭酸ナトリウムで —————————— 28
洗い方／すすぎ／スタートする前に、洗濯槽の掃除を／成功させるためのヒント

目次

いろいろな洗濯 ―― 30
汚れのひどい衣類の予洗い／油や血液、襟袖汚れ／汗が原因の黄ばみ／布団やカーテンなど大物洗い／ウールや絹の洗濯／ぬいぐるみ洗い／布おむつの浸けおき／布ナプキンの浸けおき／シミや黄ばみの漂白／血液のシミ／簡易クリーニング／無添剤石鹸のアルカリ助剤として

酸と洗濯 ―― 34
石鹸洗濯の仕上げ剤として／洗濯槽クリーナーとして

◆掃除と住まいの手入れ ―― 36
かたい汚れは酸で／やわらかい汚れはアルカリで／臭い・香りについて／基本の酸スプレーを作る／基本のアルカリスプレーを作る

洗面所・浴室・トイレ ―― 38
洗濯槽の黒カビ掃除／洗濯槽の白い結晶汚れ掃除／水垢の掃除／排水口掃除／風呂水ポンプ・洗濯機のホース掃除／浴室の床や壁についた垢や黒ずみ／浴室の壁やタイルなどのカビ／風呂釜洗浄 ふたつ穴タイプ（自然循環式）／風呂釜洗浄 ひとつ穴タイプ（強制循環式）／浴槽の掃除／浴室の「青い汚れ」掃除／湯垢のついた洗面器や風呂イス／トイレの便器掃除／便器の黄ばみや水垢取り／便器の尿石取り／トイレの床掃除／トイレの臭い消し

リビング・その他 ―― 44
狭い範囲の拭き掃除／広い範囲の拭き掃除／黄ばんだ畳のケア／靴や靴箱、タンスの臭い消し／カーペットの臭い消し／そのほかの臭い消し／壁や窓ガラスのカビ／電気機器の掃除／煙草のヤニ汚れ／照明器具の汚れ／車内の汚れ／車内の臭い

◆キッチンまわりの手入れ ―― 48
キッチン汚れとアルカリ／素材に注意／手洗いについて／まな板やふきんの消毒／調理家電類について

食事の後かたづけ ―― 50
ひどい油汚れの下処理／口の狭いビンの油汚れ／プラスチック製品のベタつきや臭い／軽いコゲつき落とし／鍋のコゲ落とし／鍋の焼きつき汚れ／銀製品のくもり／魚焼きグリル／クレンザーとして／食器洗い機用洗剤として／食器洗い機の水垢落とし／食器やふきんなどの殺菌漂白

キッチンの掃除 ―― 54
乾いた油汚れ／ネトネトしてやわらかい油汚れ／ガスレンジのコゲつき／IHヒーターなどのコゲつき／冷蔵庫／電子レンジ・オーブン庫内／生ゴミ入れの臭い消し／調理後の臭い／キッチンの排水口掃除／電気ポットの手入れ／コーヒーメーカーのパイプ掃除

v

◆ボディケアや調理など ─── 58
ボディケアとアルカリ／ボディケアと酸／ペットケアとアルカリ・酸／ペットケアと重曹の注意点／食べものとのかかわり

ボディケア ─── 60
入浴剤として／手作りバスボム／歯磨き／ヘアリンスとして／クエン酸リンス原液

そのほかの利用法 ─── 62
布ナプキンでの外出／衛生管理／油性物質の溶剤として／ペットのドライシャンプー／ペットスペースの臭い消し

番外編　調理とアルカリ ─── 64
山菜のアク抜き／大豆をやわらかく煮る／ソーダブレッド／酸っぱい果物を食べるとき

西村しのぶの百科流生活［浴室掃除編］ ─── 66

第3章　百科流　家事の化学 ─── 67

アルカリとは？ ─── 68
アルカリの基本的な特徴／油汚れ、皮脂を落とす仕組み／タンパク質汚れを落とす仕組み／環境負荷の低さについて／アルミには要注意／変わり者のアルカリ「アンモニア」／主なアルカリ剤の性質比較表

酸とは？ ─── 72
酸の基本的な特徴／アルカリとの中和反応について／中和反応いろいろ／かたい汚れを溶かす性質について

pHとは？ ─── 74
pH値と水素イオン／molとは？／pHの数値／家庭用品品質表示法におけるpH

「エコに洗う」の落とし穴 ─── 76
重曹は洗濯に向いていません／重曹は水の硬度を下げません／重曹は洗剤類の洗浄力を上げません／天然でも合成でも同じです／「重曹電解水」という商品について／重曹電解水のお値段／重曹電解水はエコ？／重曹電解水の販売手法や誇大宣伝について／「環境にやさしい」洗剤の成分は？／海外と日本の水質の差

PRTR法について ─── 80
PRTR法とは／「化審法」との違い／家庭から出てゆく「第一種指定化学物質」／「第一種指定化学物質」の合成界面活性剤（2011年〜）

西村しのぶの百科流生活 [キッチン編] —— 82

巻末資料集 —— 83

Q&A　洗濯と衣類の手入れ編 —— 84

Q．アルカリ洗濯と石鹸洗濯、どのくらいの比率で行えばいいですか？
Q．過炭酸ナトリウム入りの排水が自然の中で殺菌したり漂白したりしませんか？
Q．過酸化水素は体を老化させる活性酸素の一種。洗濯に使って大丈夫ですか？
Q．布ナプキンをアルカリ剤入りの水に浸けおくとよいのはなぜ？
Q．布ナプキンの浸けおき水を庭にまいてよいですか？
Q．アルカリ剤でガンコな油汚れや泥汚れが落ちないのはなぜですか？
Q．洗濯槽の黒カビを生えにくくするにはどうすればよいですか？
Q．洗濯物に小さくて黒いシミのような斑点がつきます。
Q．石鹸に重曹を混ぜて洗濯するとよいと聞きましたが？
Q．衣類がだんだんピンク色になってゆくのですが？
Q．アルカリ剤の水溶液をさわると手がヌルヌルします。

Q&A　掃除・キッチン編 —— 88

Q．アルカリ剤で掃除したら、必ず酸で中和しなくてはいけませんか？
Q．お風呂のカビを予防するよい方法は？
Q．皿の油汚れを石鹸で洗うと、べとべとしたものができます。
Q．「アルカリ剤」と「アルカリ助剤」の違いは何ですか？
Q．重曹に液体石鹸と酢を混ぜて作る「重曹クリーム」の洗浄力は？
Q．食器洗い機に過炭酸ナトリウムを入れてタイマー予約できますか？

誤飲時の対処法その１　重曹・炭酸ソーダ・セスキ炭酸ソーダ・石鹸 —— 90

誤飲の可能性／少量を飲みこんだとき／大量に飲みこんだとき／少量でも危険なケース／誤飲事故を起こさないために

誤飲時の対処法その２　過炭酸ナトリウム —— 92

少量を飲みこんだとき／大量に飲みこんだとき／無理に吐かせない／中和しない／「中毒110番」

ネットショップや情報サイト —— 94

amazon.co.jp／石けん百貨／石鹸百科／せっけん楽会／読んで美に効く基礎知識／ニセ科学と石けんの諸問題／石けん学のすすめ／誤飲誤用の応急処置／PRTRインフォメーション広場（環境省）／PRTRデータを読み解くための市民ガイドブック（環境省）

あとがき ——————————————— 96
50音順索引 —————————————— 97

薬品名と記号の凡例

- セ　セスキ炭酸ソーダ
- タ　炭酸ソーダ
- カ　過炭酸ナトリウム
- ジ　重曹
- ク　クエン酸
- ス　酢酸
- ア　アンモニア水
- エ　エタノール

第1章

百科流
家事の基本アイテム

この章では百科流家事の基本アイテムについて解説します。各アイテムの入手先は薬局やネットショップ、一部スーパーなど。セスキ炭酸ソーダや重曹、クエン酸などは100円ショップで購入できる場合もあります。

セスキ炭酸ソーダ

一般名	セスキ炭酸ソーダ／セスキ炭酸ナトリウム セ
化学式	$Na_2CO_3・NaHCO_3・2H_2O$
英語名	sodium sesquicarbonate
pH	9.6〜10（5%水溶液）

　炭酸ソーダと重曹という2つの化合物が共存する「複塩」という状態で安定しているアルカリ剤です。複塩なので、両者の中間的な性質をあわせもちます。水に溶けやすいさらさらした結晶で、常温で長期間保存しても変質しません。油脂を乳化し、タンパク質を分解する働きがあります。

　自然界では「トロナ鉱石」という形で土中に存在しています。ケニア、エジプト、南アフリカなど、世界各国で鉱石が採掘され、中でも米国ワイオミング州グリーンリバーには1000億トンものトロナ鉱石が埋蔵されています。

セスキ炭酸ソーダにできること

- 皮脂や垢など、軽い汚れの洗濯
- ガンコな油汚れの下処理
- 血液などのタンパク質汚れ落とし
- 台所のベタベタ油汚れ落とし
- 取っ手やスイッチ、器物表面の手垢汚れ落とし

セスキ炭酸ソーダが苦手なこと

- 機械油や化粧品などのガンコな油汚れ落とし
- 靴下やスポーツユニフォームなどのガンコな泥汚れ落とし
- シミの漂白

使い方のヒント

- アルカリはタンパク質を溶かすので、手荒れしやすい人はゴム手袋をしましょう。
- セスキ炭酸ソーダが手元にないとき、炭酸ソーダと重曹を半々の割合で混ぜると、セスキ炭酸ソーダとほぼ同じように使えます。「セスキ炭酸ソーダ大さじ1＝炭酸ソーダと重曹大さじ1/2ずつ」と計算します。粉の状態であらかじめ混ぜておくとムラができるので、使うたびに計るほうがよいでしょう。

その他の特徴など

- 工業的には、絹・ウール・木綿などの洗浄精練用に用いられたり、入浴剤や洗剤に配合されたりします。
- 「セスキ（sesqui）」とはラテン語に由来する化学用語で、「1.5（3/2）」の意味です。セスキ炭酸ソーダは、炭酸ソーダ（sodium carbonate）と重曹（sodium bicarbonate）がほぼ半分ずつの割合で混ざったもの。重曹のsodium bicarbonateの「bi」は2という意味。「シンプルな炭酸ソーダと2の炭酸ソーダ（重曹）の中間」という意味で「1.5（3/2）の炭酸ソーダ＝sodium sesquicarbonate」と名づけられました。

保管方法

- 湿気を吸うと固まることがあるので、きちんとフタのできる容器で保管します。

注意
- 皮膚についてヌルヌルしたときは、水で十分に洗い流します。それでも違和感があるときは、酢やクエン酸を少量ふりかけて中和してから、よく水洗いします。
- 粉や水溶液が目や口に入ったら、清潔な水で十分にすすぎ流します。痛みなどが残る場合は、医療機関に相談してください（90ページ参照）。

炭酸ソーダ

一般名　炭酸ソーダ／炭酸ナトリウム
化学式　Na_2CO_3
英語名　sodium carbonate, washing soda
　 pH　11.3(1%水溶液)

　重曹、セスキ炭酸ソーダと比べてpHが高く、洗浄力が高いアルカリ剤です。トロナ鉱石から精製したり、アンモニアソーダ法によって作られたりします。アンモニアソーダ法は19世紀のベルギー人化学者アーネスト・ソルベーが開発した方法で、塩水から化学的に炭酸ソーダを合成するものです。

　分子構造中に水分をまったく含まない無水塩は「ソーダ灰」とも呼ばれ、ガラスの原材料として工業用に多く用いられます。そして、炭酸ソーダ1分子に水の分子が10個結合している10水塩は、「洗濯ソーダ」として昔から綿布の洗濯に用いられてきました。

炭酸ソーダにできること

- 皮脂や垢など、軽い汚れの洗濯
- ガンコな油汚れの下処理
- 血液などのタンパク質汚れ落とし
- 台所のベタベタ油汚れ落とし
- 取っ手やスイッチ、器物表面の手垢汚れ落とし

炭酸ソーダが苦手なこと

- 機械油や化粧品などのガンコな油汚れ落とし
- 靴下やスポーツユニフォームなどのガンコな泥汚れ落とし
- シミの漂白

使い方のヒント

- pHが高めなので、手荒れ防止のためゴム手袋をして作業しましょう。
- 洗浄剤としての性質はセスキ炭酸ソーダとほぼ同じです。使用量はセスキ炭酸ソーダの約半分。価格もセスキ炭酸ソーダより低いことが多いようです。
- セスキ炭酸ソーダと比べると、水に溶けるのにやや時間がかかります。

その他の特徴など

- 粉石鹸や合成洗剤の働きを助けるアルカリ助剤としてよく配合されます。その際には「炭酸塩」としばしば表記されます。炭酸ソーダには周囲から水分を奪いとる働きもあるので、粉石鹸や洗剤をさらさらに保つ乾燥剤のような役目も果たします。
- 中華麺のかん水やこんにゃくの凝固剤としてもおなじみです。
- 古代エジプトでは、炭酸ソーダを多く含むナトロンという天然鉱物をミイラ作りに利用していました。炭酸ソーダの脱水作用を利用して、遺体を乾燥させるために使ったとされます。

保管方法

- 湿気を吸うと固まることがあるので、きちんとフタのできる容器で保管します。

注意
- 皮膚についてヌルヌルしたときは、水で十分に洗い流します。それでも違和感があるときは、酢やクエン酸を少量ふりかけて中和してから、よく水洗いします。
- 粉や水溶液が目や口に入ったら、清潔な水で十分にすすぎ流します。痛みなどが残る場合は、医療機関に相談してください（90ページ参照）。

過炭酸ナトリウム

一般名　過炭酸ナトリウム／過炭酸ソーダ　カ
化学式　$2Na_2CO_3・3H_2O_2$
英語名　sodium percarbonate
　pH　　10〜11(3%水溶液)

　炭酸ソーダと過酸化水素が2：3の割合で混在してできた白色の粉末で、金属や水と反応する性質があります。水分と反応すると、過酸化水素（H_2O_2）ガスを放出して炭酸ソーダになります。

　過酸化水素は活性酸素の一種で、強い酸化力をもちます。シミの色素を分解して無色にしたり細菌を殺したりできるため、酸素系漂白剤の主成分として利用されています。シミの色素や汚れと反応した過酸化水素は、酸素（O_2）と水（H_2O）になります。作用が穏やかなので、塩素系漂白剤が使えない分野にも使われます。

過炭酸ナトリウムにできること

- 布製品や器物類の殺菌漂白（色柄ものも可）
- ガンコ汚れがついていないものの洗濯
- 鍋のコゲつき落とし
- 食器洗い機の洗剤として適している
- 排水口や配水管、洗濯槽の掃除

過炭酸ナトリウムが苦手なこと

- ウール・絹など、アルカリに弱い繊維の洗濯や漂白
- 色落ちしやすい衣類や草木染め製品の洗濯や漂白
- 機械油や化粧品などのガンコな油汚れ落とし
- 靴下やスポーツユニフォームなどのガンコな泥汚れ落とし

使い方のヒント

- pHが高めなので、手荒れ防止のためゴム手袋をして作業しましょう。
- 水温を40度くらいに上げると、過酸化水素がよく働いて、効率的に殺菌漂白できます。
- 使用後の排水に殺菌漂白作用はほとんど残りません。家庭用浄化槽を設置している家屋でも使えます。

その他の特徴など

- 除菌剤や消臭剤としても使われ、「白さ」を強調する合成洗剤に入っていることもあります。

保管方法

- 水気を避けて保管します。水分と反応すると、過酸化水素を放出して炭酸ソーダになり、漂白力を失います。
- 完全密封は避けます。過炭酸ナトリウムは、空気中の水分とも反応して過酸化水素ガスを発生させるため、そのガス圧で容器が変形・破損することがあります。そのため、過炭酸ナトリウムの製品パッケージにはガス抜きの小さな穴が開いています。
- 金属と反応する性質があるので、金属容器で保管するのは避けます。ただし、ステンレス容器は使えます。

注意

- 草木染めは、染めの段階で金属を含む薬品を使うことがあります。そのときの金属成分が製品に残っていると、過炭酸ナトリウムがそれに反応して布が傷むことがあります。
- 皮膚についてヌルヌルしたときは、水で十分に洗い流し、それでも違和感があるときは酢やクエン酸を少しふりかけて中和し、水でよく洗い流します。
- 粉や水溶液が目や口に入ったら、清潔な水で十分にすすぎ流します。痛みなどが残る場合は、医療機関に相談してください（92ページ参照）。

重曹

一般名	重曹／炭酸水素ナトリウム／重炭酸ソーダ
化学式	NaHCO$_3$
英語名	sodium bicarbonate,　baking soda
pH	8.4（1%水溶液）

　外見は白く細かい粉末状です。地中の鉱石から精製したり、化学的に合成したりして作られます。水に溶けにくく、アルカリ剤としてはpHが低め。油脂を乳化したり、タンパク質を分解したりする力はそれほど強くありません。性質が安定しているので長期保存ができます。

　ふくらし粉やこんにゃくの凝固剤、入浴剤などのほか、酸と反応して二酸化炭素を発生させる性質を生かして消火器にも用いられます。

重曹にできること

- 研磨作用で茶渋や軽いこびりつきなどをこすり落とす
- 鍋のコゲつき落としに
- 冷蔵庫や生ゴミ、靴箱や排水口の脱臭
- 入浴剤に
- 歯磨き粉代わりに
- 膨張剤やアク抜き用として製菓や調理に

重曹が苦手なこと

- 洗濯（76ページ参照）
- 機械油や化粧品などのガンコな油汚れ落とし
- 靴下やスポーツユニフォームなどのガンコな泥汚れ落とし
- トイレのアンモニア臭など、アルカリ性の臭い消し

使い方のヒント

- オーラルケアや調理など、口に入れる用途で使うときは、「食品添加物」とパッケージに明記してある製品を選びましょう。
- 水には溶けにくいので、粉のまま使うほうが効果的です。
- 粒子が手の表面をこするので、手荒れしやすい人はゴム手袋をするほうがよいでしょう。

その他の特徴など

- 重曹は、熱が加わると熱分解を起こして二酸化炭素と水を放出し、炭酸ソーダになります。重曹が粉末のままで270度、水に溶かすと65度以上でこの反応が起こります。
- 英語名の「ベーキングソーダ（baking soda）」は、調理の際に膨張剤として使うところから名づけられました。名前が似ている「ベーキングパウダー（baking powder）」は、少量の重曹で効率的に炭酸ガスを発生させるよう工夫された膨張剤です。発泡を効率的に行う、アルカリ剤の苦みを抑えるなどの目的で、酒石酸、クエン酸、リン酸カルシウムなどが加えられています。

保管方法

- 湿気を吸うと固まることがあるので、きちんとフタのできる容器で保管します。

注意
- 漆器やプラスチックなど、やわらかい素材は重曹の粒子で傷つくことがあります。
- 粉が目に入ったら、清潔な水で十分にすすぎ流します。痛みや違和感が残る場合は、医療機関に相談してください（90ページ参照）。

クエン酸

一般名　　クエン酸　ク
化学式　　HOOC・CH$_2$・COH・COOH・CH$_2$COOH
英語名　　citric acid
　pH　　 2.26（1％水溶液）

　「クエン」というのは中国産の柑橘類「枸櫞(くえん)」のことです。その名のとおりフルーツや梅干しなどに多く含まれる酸で、外見は無色の白い粉末です。工業的にはデンプンや糖をコウジカビの一種で発酵させて作られ、さわやかな酸味があるので食品添加物やサプリメントの原料としても用いられます。酢酸とちがって揮発性はなく、ツーンとくる臭いもありません。

　酸の仲間なので、アルカリを中和します。また、カルシウムイオンを捕まえてその働きを封鎖する「キレート作用」があり、その性質を利用して掃除や医療分野で使われます。

クエン酸にできること

- 石鹸洗濯の仕上げ剤
- 石鹸シャンプー用のリンス
- トイレのアンモニア臭などを酸で中和して消す
- 白い水垢汚れなど、石のようなかたい汚れを溶かす
- 洗濯槽にこびりついた結晶汚れの掃除
- シャツの襟や脇の下の黄ばみ取り

クエン酸が苦手なこと

- 油やタンパク質など、酸性汚れの洗浄
- 酸性の臭いを消すこと

使い方のヒント

- 酢酸の刺激臭が苦手な人におすすめの酸です。ただし、酢酸とちがって揮発しないので、成分がその場に残りがちになります。クエン酸で掃除したあとはよく水拭きしておきましょう。
- 大理石には使えません。大理石の主成分は炭酸カルシウムなので、酸で溶けてしまいます。

その他の特徴など

- かたい水垢がクエン酸で落ちるのは、クエン酸が水垢の主成分である炭酸カルシウムに働きかけてクエン酸カルシウムに変化させるからです。炭酸カルシウムとクエン酸が反応すると、クエン酸カルシウム、二酸化炭素、水ができますが、クエン酸カルシウムは水溶性なので水で洗い流せるのです。
- カルシウムに働きかける性質を利用して、献血のときの抗血液凝固剤として、また痛風や尿路結石などの治療薬としても使われます。

保管方法

- 潮解性(ちょうかいせい)があるので、きちんとフタをして保管します。潮解性とは、空気中の水分を取りこんで自然に水溶液になる性質のことです。
- 金属容器での保管はやめましょう。酸によって容器がさびる恐れがあります。

注意
- 粉や水溶液が目に入ると強い痛みを感じます。清潔な水で十分にすすぎ流し、痛みが残る場合は医療機関に相談しましょう。
- ほんの少しなら口に入っても心配はいりません。大量に飲みこんだときは適切な医療機関にご相談ください。

酢酸

一般名	酢酸 ス
化学式	CH_3COOH
英語名	acetic acid
pH	2.5（2%水溶液）

　常温では無色の液体で、食酢にも4〜5%含まれる酸っぱさの元となる成分です。化学的に合成する、酢酸発酵を起こすバクテリアを使ってアルコールを発酵させるなどして作られます。酸性なので、アルカリを中和したりカルシウムを溶かしたりできます。強い酸味と「酢酸臭」と呼ばれる刺激臭があります。臭いがきついのは、常温でも揮発するからです。

　純度が96〜98%以上の酢酸は「氷酢酸」と呼ばれます。温度が下がると凝固するためにこの名がつきました。氷酢酸は引火性・腐食性があるため消防法による「危険物」に指定されています。

酢酸にできること

- 石鹸洗濯の仕上げ剤に
- 石鹸シャンプー用のリンスに
- トイレのアンモニア臭を酸で中和して消す
- 水垢汚れの掃除
- シャツの脇の下の黄ばみ取り
- ある程度の殺菌力があるので、清潔を保ちたいところの拭き掃除に
- 強い刺激臭があるので、意識を失った人に対する気つけ薬に

酢酸が苦手なこと

- 油やタンパク質など、酸性汚れの洗浄
- 酸性の臭いを消すこと

使い方のヒント

- 家事には「30%酢酸（日本薬局方）」や「ホワイトビネガー」を使います。30%酢酸とは、純粋な酢酸を30%の水溶液に調整したもの。薬局で手に入ります。ホワイトビネガーは醸造用アルコールを発酵させて作る食酢の一種。酢酸の5%水溶液と成分がよく似ています。本書では、30%酢酸を水で6倍に薄めて食酢とほぼ同じ5%の濃さにしたものと、ホワイトビネガーの2つを「酢」と表記します。
- 穀物酢や果実酢など「おいしいお酢」は、酢酸以外にも余分な成分が含まれるのでクリーニング向きではありません。また、氷酢酸は取り扱いに非常に注意を要するため、一般家庭では使わないほうが安全です。
- 大理石など、カルシウム含有量の多い素材には使わないでください。

その他の特徴など

- 水垢が酢酸で落ちるのは、酢酸が水垢の主成分である炭酸カルシウムに働きかけて酢酸カルシウムに変化させるからです。炭酸カルシウムと酢酸が反応すると、酢酸カルシウム、二酸化炭素、水ができます。酢酸カルシウムは水溶性なので水と一緒に洗い流すことができるのです。

保管方法

- きちんとフタのできる容器で密閉して保管します。揮発性があるのでフタをしないで放置すると量が減り、周囲に酸っぱい臭いが漂います。
- 金属容器での保管はやめましょう。容器がさびる恐れがあります。

注意
- 目に入ると強い痛みを感じます。清潔な水で十分にすすぎ流し、痛みが残る場合は医療機関に相談しましょう。
- ほんの少しなら口に入っても心配はありません。大量に飲みこんだときは適切な医療機関にご相談ください。

アンモニア水

一般名 　アンモニア水／水酸化アンモニウム ア
化学式 　NH₄OH
英語名 　ammonia solution, ammonia water, ammonium hydroxide
pH 　　約11（28％水溶液）

　アンモニア水は、アンモニアガスを水に溶かしこんだもの。純粋なアンモニア（NH₃）は常温常圧では無色の気体です。悪臭防止法に基づく「特定悪臭物質」のひとつであり、毒物及び劇物取締法では劇物に指定され、トイレの悪臭の元であり、肉や魚の腐敗臭にも含まれます。

　アンモニアは、水素と窒素を高温高圧下で直接反応させるハーバー・ボッシュ法という方法で作られます。化学工業界においてもっとも基礎的な窒素原料のひとつであり、化学肥料、合成繊維、染料、虫刺され薬などの原料となります。また、フロンガスが発見される前は冷蔵庫やエアコンの冷媒としても利用されました。

アンモニア水にできること

- 水洗いできない衣類を簡易クリーニング
- 水まわりの青い汚れ（銅石鹸）を落とす
- 虫ささされ薬の原料になる
- 強い刺激臭があるので、意識を失った人に対する気つけ薬に

アンモニア水が苦手なこと

- 日常的な洗濯
- 広い範囲の汚れを一度に落とすこと

使い方のヒント

- 入手しやすいのは10%水溶液です。「アンモニア水」として薬局などで販売されています。

その他の特徴など

- 髪にパーマをかけるときの薬剤にも入っています。髪のタンパク質がアンモニアのアルカリ性によってふやけたようになってすき間ができ、そこからウェーブをつける薬品が髪にしみこんでゆきます。
- 古代ローマでは、尿を発酵させて作ったアンモニアで洗濯をしていました。現在のコインランドリーにあたる公共施設で、専門の洗濯職人が洗っていたとされます。
- 19世紀にアーネスト・ソルベーによって発明されたアンモニアソーダ法（ソルベー法）では、アンモニアを利用して食塩を分解して炭酸ソーダを作り、そこから水酸化ナトリウム（苛性ソーダ）や重曹を作ります。現在でも炭酸ソーダがこの方法で作られています。
- 化学肥料の原料でもあるアンモニアを合成するハーバー・ボッシュ法は、「水と石炭と空気からパンを作る方法」と絶賛され、世界の食糧増産に大きく役立ちました。

保管方法

- きちんとフタのできる容器で密閉して保管します。揮発性があるのでフタをしないで放置すると量が減り、周囲に悪臭が漂います。

注意
- 強いアルカリ性なので、皮膚についたり眼に入ったりしないよう気をつけてください。メガネやゴーグル、ゴム手袋を装着するとより安心です。
- 強い刺激臭があり、ガスをまともに吸いこむと失神することがあります。蒸発したガスを吸いこまないよう、風通しのよいところで作業してください。

エタノール

一般名	エタノール／エチルアルコール
化学式	CH_3CH_2OH
英語名	ethanol, ethyl alcohol
pH	約7（ほぼ中性）

　デンプンや糖蜜をアルコール発酵させたり、エチレンから化学合成したりして作られます。別名を酒精(しゅせい)ということからもわかるように、酒に含まれるアルコールです。強い揮発性があります。

　エタノールといえば「殺菌消毒」を想像しますが、実は水分を0.05%以下しか含まない純粋な「無水エタノール」で消毒はできません。60〜95%に水で薄めて初めて殺菌作用が現れます。もっとも殺菌効果の高いのは80%水溶液で、それが「消毒用エタノール」という名称で薬局などで販売されます。

　分子構造中に、水となじみやすい「親水基」と、油となじみやすい「親油基（疎水基）」の両方があるため、水溶性の物質にも油溶性の物質にも溶けこむことができます。

エタノールにできること

- 身体や身のまわりの器物、手作り化粧品容器などの殺菌消毒
- 電気機器やコンセントまわりなど、水が使えない場所の拭き掃除
- 精油のような油性物質を水に溶かしこむ
- サルモネラ菌やインフルエンザウイルスなど、エタノールが有効な病原菌やウイルスの消毒

エタノールが苦手なこと

- 日常的な洗濯
- 広い範囲の汚れを一度に落とすこと

使い方のヒント

- 消毒作用がもっとも高いのは80%水溶液ですが、家事ではそこまでの消毒作用は必要ないことも多いので、40〜60%程度の水溶液でも十分間に合います。アルコール度数35度のホワイトリカーや40度のウォッカでも代用できます。本書のレシピでは、40〜60%の濃度に調整したエタノール水溶液を「エタノール水」と表記します。
- 以下の材質には使わないでください。これら以外の材質でも、使う前にめだたない場所で試し拭きをするのがおすすめです。
  スチロール製品……白くにごったようになることがあります
  ニス塗装の製品……ニスが溶けることがあります
  皮製品……光沢がなくなることがあります

その他の特徴など

- すべての病原菌やウイルスを不活性化できるわけではありません。ロタウイルスやノロウイルスなど、エタノール消毒が効かない病原菌やウイルスも存在します。

保管方法

- 強い揮発性があるので、きちんとフタをして保管します。引火性があるので、火気の近くでの保管も避けます。
- エタノールは樹脂を溶かすことがあります。樹脂製の容器で保管するときは、アルコールに耐性がある製品を選ぶようにします。

注意
- 揮発性・引火性があるので、使うときは火気を近づけず、換気に十分気を配ります。
- あまり頻繁に手肌に使うと、脱水作用で肌荒れを起こすことがあります。石鹸で丁寧に洗った手肌には、エタノール消毒は特に必要ありません。

あると便利なサポートアイテム

　アルカリや酸をより効果的に使えるサポートアイテムのご紹介です。お気に入りの道具があると、家事にも気合いが入るもの。とはいっても最初から全部そろえる必要はありません。あなたのスタイルに合ったアイテムを少しずつそろえてゆくとよいでしょう。

スプレーボトル

　アルカリや酸の水溶液を入れて使います。掃除や洗濯物の部分洗いに、また広い範囲をエタノールで消毒するときにも便利です。精油やエタノールを入れたいときは、耐油性・耐アルコール性のある製品を選ぶようにしましょう。

シェーカー

　粉ボトルとも呼ばれる容器で、重曹や粉石鹸など粉のままふりかけて使いたいものを入れます。透明な容器を選ぶと残量がすぐにわかるので便利。精油で香りづけしたいときは、耐油性のある素材で作られた製品を選ぶようにします。

精油（エッセンシャルオイル）

　植物に含まれる油溶性の成分を凝縮したものです。手作りアイテムの香りづけに。成分が濃縮されているので肌への直づけはできません。体調・体質によっては使えない精油もあるので、購入の際によく確かめておきます。子どもやペット、判断力が低下している人の手の届くところには保管しないようにしましょう。

ビーカー

　エタノールや酢酸を希釈したいときに。目盛りつきなのできちんと計れ、注ぎ口があるので口の狭い容器に入れ替えるときも失敗しません。材質は、油やアルコールに耐性のあるガラス製が便利です。最初は100mℓ程度のものを使ってみて、必要に応じて他のサイズを買い足すとよいでしょう。

漏斗（ろうと・じょうご）

　さらさらした顆粒や液体などを口の狭い容器に移しかえるときに使います。たっぷり入れたいとき用と、小さなビンなどに小分けするとき用、大小2つくらいそろえておくと便利です。一般的な製品のほか、使うときにくるりと巻いて漏斗の形にできるシート型の製品もあります。

石鹸

　アルカリ剤では落としきれないガンコな汚れに。固形・粉末・液体など、さまざまな種類がありますが、汚れがよく落ちるのはアルカリ助剤入りの石鹸。成分表示欄に「炭酸塩」「ケイ酸塩」などのアルカリ助剤の名前が書いてある製品を選ぶとよいでしょう。

たわし・ブラシ

　昔ながらの自然素材を使った製品から、新素材の製品までいろいろあります。大きさや形状によっても使い勝手が変わるので、場所や目的によって使い分けるとよいでしょう。古歯ブラシも細かいところの掃除に便利です。

スポンジ

　しっかりした素材で目が粗いものがおすすめです。石鹸がよく泡立ち、使用後はサッと水が切れるので衛生的。へたりにくいので長持ちします。皿洗いには手に合った大きさを、風呂掃除など広い範囲をこすり洗いしたいときは、やや大きめのものを選ぶと効率よく作業できます。

アクリルたわし

　アクリル毛糸を適当な大きさに編んだものです。軽い油汚れなら、湯をかけながら洗うと洗剤なしでもこすり落とせます。コップの茶渋予防にも効果あり。シンクや浴槽、洗面台などの汚れもよく落ちます。市販品もありますが、好きな色の毛糸で自作してみるのも楽しいでしょう。

スクレーパー

　食器や鍋を洗う前に残った汚れを拭っておくと石鹸や洗剤を使う量が減り、台所からの排水がきれいになります。拭いとった汚れは不要な紙に包んでゴミ箱へ。ベタベタ汚れの多いお菓子作りの後かたづけにもおすすめです。熱々の調理器具にも使いたいときは、耐熱温度の高い製品を選ぶようにしましょう。

ぼろ布（ウェス）

　不要になった布製品を適当なサイズに切っておきます。食事の後かたづけ用には小さめ、使い捨て雑巾用としてなら大きめと、大小2種類のサイズを用意しておくと便利です。素材は綿100％のものがベスト。合成繊維の割合が多いと吸水がよくなかったり、熱い調理器具を拭くと溶けてしまったりします。

洗濯板

　靴下やワイシャツの衿袖汚れを集中的に洗いたいときや、流しでふきんを手洗いしたいときに。ギザギザのある面で汚れをこすったり、平らな面に洗濯物を貼りつけてブラシ洗いしたりと使い分けできます。洗面台で使えるミニサイズでも十分に役立ちます。

洗濯ブラシ

　スポーツユニフォームや靴下の泥汚れ、ワイシャツの衿袖汚れを部分洗いしたいときに。繊細な布地用のソフトタイプと、柔道着のような丈夫な布地用のハードタイプの2種類があると便利。パキンやシュロ、馬毛など、天然素材のブラシがおすすめです。

洗濯ブラシの使い方

- **摩擦洗い**
　平らな場所に洗濯物を置き、洗浄液を含ませた洗濯ブラシでさっと汚れをこする。ブラシを強く押しつけすぎず、軽くスピーディに動かすのがコツ。ブラシは往復させず、一方向にだけ動かすほうが生地を傷めにくいでしょう。

- **たたき洗い**
　摩擦洗いで落ちない汚れに。ブラシの先端に力を集中させてトントンとたたく。ブラシを軽く持ち、手首を上下に動かすような感じで。たたき洗いをしすぎるとブラシの毛先が傷むので、必要なところだけにしましょう。

西村しのぶの百科流生活 洗濯編

　高校のとき、理系の学科として化学を選択していました。あるとき、その化学の先生の「水は実験材料としてとても重宝な物質。なぜかというと、とにかくいろんなモノを『溶かす』ことができるから」という言葉に、妙に深く納得しまして。さらに、温度によって溶かせるモノが変わり、布や髪の毛の汚れはお湯だけでもかなり落ちること、シャンプーのときは、髪ではなく頭皮を洗うようにすると効果的にすっきり洗えることなど、化学と実用が結びついたおもしろい話をたくさん伺いました。今思えば、このときに「汚れは水だけで結構落ちるんだ」と、学んだ気がします。

　私の生活では洗剤でフルに洗うほどの洗濯物はそんなに出ないので、大人になってもちょくちょく水やお湯だけで洗っていました。そしてある日、インターネットで「アルカリ洗濯」の情報を入手。皮脂を乳化して落とすという説明にも納得がいきましたし、すすぎ簡単、タイマー洗濯もOK……となれば、これは使ってみるしかないでしょう！

　トライしてみてまず気づいたのは、アルカリ剤入りの水は繊維にしみこむのがすごく早いこと。界面活性剤を溶かしたときと同じように、水の表面張力が弱まって繊維になじみやすくなっているんですね。それを見たとき「これはイケル」と思いました。もちろん洗いあがりも思った以上にさっぱり。そんなわけで、それ以後、アルカリ剤がうちのレギュラーアイテムとして定着したわけです。

（聞き手：石鹸百科）

衣類メンテオタクです

シフォンブラウスから五本指靴下まで洗っちゃう!!

シルクもウールもカシミアニット類もセスキで洗います

セスキ水溶液で軽くひたひた洗いして
↓
脱水して
すすぎは一回でOK!!

第2章

百科流
家事レシピ集

石鹸や合成洗剤を使わずにアルカリの力で汚れを落とすアイテムを「アルカリ剤」、そしてアルカリ剤を使った洗濯を、特に「アルカリ洗濯」と呼びます。アルカリ剤や酸で汚れを落とすためのレシピを紹介します。

洗濯と衣類の手入れ

　「それほど激しい汚れものは毎日出ないし、もっとお手軽に洗いたい」「家庭排水をできるだけきれいにしたい」「水道水の硬度*が高くて石鹸が使いづらい」……こんなときは、アルカリ剤で洗ってみましょう。強い界面活性作用はありませんが、油を乳化し、タンパク質を分解する働きで衣類をさっぱりと洗いあげます。アルカリ洗濯に取りかかる前には、次のようなことを確かめておきましょう。

*硬度とは、水中にどのくらいのカルシウムイオンやマグネシウムイオンが含まれているかを表す尺度。これらのイオンには石鹸や洗剤の働きを妨げる性質がある。

洗うべきかどうか確かめる

　洗濯は「着たら」ではなく「汚れたら」するのが基本です。皮脂や汗を吸う下着類は「着たら洗う」でよいのですが、涼しい時期にジャケット代わりに羽織る綿シャツなどは1回着ただけではそれほど汚れません。事前に選別して必要な汚れものだけを洗うようにすると水や電気代を節約でき、排水もきれいになり、衣類の傷みも抑えられます。

汚れの種類を確かめる

　適切に使えば高い洗浄力を発揮するアルカリ剤ですが、それでもやはり苦手な汚れはあります。その判断の目安は「わっ、汚い!」と思うかどうか。そう思うなら石鹸で、そうでもないならアルカリで洗うと覚えておくと簡単です。

●アルカリ剤向きの汚れものの例
汗臭いだけのTシャツ、湯上がりタオル、血液のついた服や布ナプキン、汗や皮脂汚れのついたウォッシャブル寝具など。

●アルカリ剤が苦手な汚れものの例
激しい泥汚れ、口紅などのメイク汚れ、機械油や食用油による激しい油汚れ、漂白剤が必要になるような果汁やお茶によるシミ汚れなど。

洗濯物の素材を確かめる

　アルカリ洗濯は浸けおき洗いが基本です。そのため、アルカリに弱い繊維や、水洗いで色が出るような衣類には向きません。洗う前に素材をチェックしておきましょう。ただ、個々の布地の性質は本当にさまざまで例外もたくさんあります。万が一にも失敗したくないアイテムには無理をしないほうがよいのですが、そうでもないなら一度くらいは試しに洗ってみてもよいかもしれません。

● 綿や麻

アルカリ洗濯に向いています。綿や麻に化繊が少し混ざっただけの混紡素材もOK。ただし、ジーンズなど色落ちしやすい製品は、洗う前に白い布をぬらしてこすってみましょう。それで色が移ったら別洗いするほうが安全です。

● 合成繊維

ポリエステルなどの合繊類は再汚染されやすく、浸けおきには向きません。再汚染とは、繊維から離れた汚れが再び繊維に戻ることです。合繊の混紡率が高い綿麻素材でも再汚染は起きやすくなります。ただ、浸けおきせずにさっと洗うだけなら問題ありません。

● 水に弱い素材

レーヨン（ビスコース）やウォッシャブル加工されていない絹などは、水洗い自体に向いていません。無理に水洗いすると裂けたり縮んだりします。

● 絹やウール

タンパク質繊維をアルカリ性の液に長時間浸けおくのはやめましょう。アルカリによってタンパク質が変質し、生地が傷むことがあります。浸けおきせずにさっと洗うだけなら、アルカリ剤を使っても問題ありません。

● 天然染料で染めたもの

天然の染料は色の定着力が化学染料よりも弱いことがあるため、長時間水に浸けおくのはおすすめできません。また、染めるときに金属を含む薬品を使うことがある草木染めは過炭酸ナトリウムでは洗わない方がよいでしょう（7ページ参照）。

● 天然素材の飾り

木製のボタンや留め具など、天然素材で作られたアイテムには要注意。長時間水に浸すとふやけて傷がついたり欠けたりすることがあります。

アルカリ洗濯その1
セスキ炭酸ソーダ・炭酸ソーダで

　セスキ炭酸ソーダや炭酸ソーダを使った、基本のアルカリ洗濯です。油脂を乳化し、タンパク質を分解するアルカリの性質を利用して、軽い油汚れやタンパク質汚れなどを洗い落とします。冬の冷たい水道水でも使えますし、水の硬度が高くても洗浄力はほとんど変わりません。

洗い方

　浸けおき洗いが基本です。激しい油汚れや泥汚れ、ワイシャツ襟袖の黒ずみなどはあらかじめ石鹸で部分洗いし、ざっとすすいでから洗濯槽に入れましょう。このように本格的に洗う前にざっと洗って極端な汚れを取りのぞくことを「予洗い」といいます。少し面倒なようですが、このひと手間で洗い上がりがぐんとよくなります。

使用量　水30ℓに、	セスキ炭酸ソーダ　小さじ2〜大さじ1（約20g） または 炭酸ソーダ　小さじ1〜大さじ1/2（約8g）

1. 適量のセスキ炭酸ソーダか炭酸ソーダを洗濯物と一緒に洗濯機に入れ、粉末が溶けるまで1分くらい撹拌する。
2. そのまま3時間程度浸けおく。ひと晩くらい浸けておいてもよい。
3. アルカリによってゆるんだ汚れを落とすため、2〜3分撹拌する。
4. 軽く脱水してすすぎに移る。

すすぎ

　すすぎは1回で十分です。残ったアルカリがどうしても気になるときは、すすぎ回数を増やしたり、すすぎの最後に酸を少量入れて中和したりするとよいでしょう。

　ドラム式洗濯機ですすぐときは少し注意が必要です。一般的なドラム式洗濯機は縦型洗濯機よりも使用水量が少なめ。すすぎ水が足りないと、汚れやアルカリが衣類に残って、黒ずんだり臭ったりします。そのような場合はすすぎ回数を増やす、水量を多めに設定するなどしてみましょう。

成功させるためのヒント

　アルカリ剤は多すぎると、すすぎ1回では洗い流せず、衣類がベタついたり臭ったりします。入れすぎには注意しましょう。水溶液を触ったときに、ほんの少し指先が滑るような感じがあれば、それで十分です。

　これまで合成洗剤で洗っていた衣類には、合成洗剤の成分や汚れがたまっていることがあります。それらを早く落としたいときは、しばらくのあいだアルカリ剤を少し多めに使う、浸けおき時間を長めにするなどしてみましょう。すすぎの水量や回数もそれに応じて加減します。この方法は、洗濯物の汚れがひどいときにも応用できます。

アルカリ洗濯の歴史

　江戸時代の庶民は植物の灰を水に溶かした上澄み液「灰汁（あく）」で衣類を洗っていました。これは灰汁のアルカリ性を利用した元祖・アルカリ洗濯です。灰汁による洗濯は、物資が不足していた第2次世界大戦中も重宝されました。「シーツやシャツをたらいで踏み洗いしたが、意外に白くきれいに洗えた」という記録も残っています。＊

＊落合茂著『洗う風俗史』未来社

アルカリ洗濯その2
過炭酸ナトリウムで

　基本のアルカリ洗濯の手軽さに過酸化水素の漂白パワーが加わり、汚れおちが大きくアップ。浸けおき時間が短いので、忙しい人でも取り入れやすく、続けていくうちに洗濯槽がカビにくくなるという、うれしいおまけもついてきます。水の硬度が高くて石鹸が使いにくい地域の方にもおすすめ。水道水の硬度は、お住まいの市町村の上水道管理部門に問いあわせるとわかります。

洗い方

　ポイントは40度の湯。風呂の湯とだいたい同じ温度なので、入浴後すぐに浸けおきすると節約になります。翌朝の残り湯を使うときは、給湯器で熱い湯を足すとよいでしょう。

使用量　水30ℓに、過炭酸ナトリウム　大さじ2（約30g）

---

1. 激しい油汚れや靴下の泥汚れは石鹸で予洗いし、ざっとすすいでおく。
2. 洗濯物を洗濯槽に入れて水量を決める。
3. 適量の湯と過炭酸ナトリウムを入れて、1〜2分撹拌する。色落ちしやすい衣類には過炭酸ナトリウムを直にふりかけないようにする。
4. 過炭酸ナトリウムが溶けたら20分以上浸けおきする。数時間〜ひと晩浸けておいてもよい。浸けおきなしで洗うときは、洗い時間を15〜20分と長めに設定する。
5. 浸けおき後、2〜3分撹拌して脱水し、すすぎに移る。

すすぎ

　すすぎに湯を使う必要はありません。「冷水すすぎ1回」で十分です。アルカリの残留がどうしても気になるときはすすぎ回数を増やしたり、すすぎの最後に酸を少量入れて中和したりするとよいでしょう。

　ドラム式洗濯機はどの機種も使用水量が少ない傾向があるので、すすぎ1回ではすっきりしないことがあります。その場合はすすぎ回数を増やす、水量を多めに設定するなどしてみましょう。

スタートする前に、洗濯槽の掃除を

　洗濯槽に黒カビなどの汚れをたくさん溜めたまま過炭酸ナトリウム洗濯を始めると、過酸化水素の力ではがれてきた汚れが洗濯物にくっついて面倒なことになります。具体的な掃除方法は38ページをご覧ください。

成功させるためのヒント

　過炭酸ナトリウムはステンレス以外の金属と反応します。そのため、金属ボタンやきらきら光るラメ飾りは質感が変わったり、黒ずんだりする可能性があります。

　草木染めは過炭酸ナトリウムで洗わないほうがよいでしょう。草木染めは染めの段階で金属を含む薬品を使うことがあります。過炭酸ナトリウムは金属成分と反応する性質があり、製品に残った金属成分と過炭酸ナトリウムが反応すると、生地がひどく傷むことがあります。

　これまで合成洗剤で洗っていた衣類には、合成洗剤の成分や汚れがたまっていることがあります。対処法は、27ページをご参照ください。

いろいろな洗濯

　洗濯機に入れて回すだけが洗濯ではありません。ひどい汚れをあらかじめ落としておく「予洗い」や、襟袖のガンコ汚れ対策。大物洗いや各種浸けおきテクなど、アルカリと酸の応用術をご紹介します。

汚れのひどい衣類の予洗い　セ　タ

　油汚れのひどい洗濯物は石鹸で洗うのがおすすめですが、その前にアルカリ剤でざっと洗っておくと、汚れがゆるんで落ちやすくなります。汚れを浮かせるのが目的なので浸けおきなしで洗っても大丈夫です。

使用量　水30ℓに、	セスキ炭酸ソーダ　小さじ2～大さじ1（約20g） または 炭酸ソーダ　小さじ1～大さじ1/2（約8g）

1. 汚れものを洗濯槽に入れ、水量を決める。
2. 必要量の水とアルカリ剤を入れて5～10分程度攪拌する。汚れがひどいときはしばらく浸けおいてもよい。
3. 軽く脱水をかけ、本洗いに移る。

油や血液、襟袖汚れ　セ　タ

　基本のアルカリスプレー（37ページ参照）を吹きかけてしばらく放置。そのあとブラシで軽くこすってから洗濯機で洗います。スプレー後に石鹸を塗りつけてブラシなどでこすると、さらに汚れ落ちアップ。

汗が原因の黄ばみ　ク　ス

　脇の下や襟などが汗の成分によって黄ばんだら、その部分を酸の水溶液に数十分～数時間浸けこみ、その後よくすすいでから洗濯してみましょう。酸によって黄色い汚れがゆるみ、落としやすくなることがあります。

布団やカーテンなど大物洗い　セ タ カ

　すすぎが簡単なアルカリ洗濯なら大物も気軽に洗えます。カーテンやカバリング類、ウォッシャブルの寝具など。子どものおねしょ布団洗いにもどうぞ。

ウールや絹の洗濯　セ ジ

　絹やウールはアルカリ剤なしの無添剤石鹸で洗いますが、そのときにセスキ炭酸ソーダを小さじ1くらい加えましょう。石鹸液のアルカリ性を保ち、洗浄力をキープします。pHも高すぎないのでアルカリに弱いタンパク質繊維をそれほど傷めません。

　炭酸塩（炭酸ソーダ）入りの粉石鹸しか手元にないときは、重曹を加えましょう。石鹸に配合されている炭酸ソーダの一部がセスキ炭酸ソーダの形になってpHが下がるので、洗浄力がソフトになります。

ぬいぐるみ洗い　セ タ

　丸洗いできるものは、たっぷりのアルカリ剤の水溶液に浸してやさしく押し洗いします。ひどく汚れていたら、石鹸で洗いましょう。

　丸洗いできないものは、表面を拭いて汚れを落とす「拭き洗い」をします。まず、アルカリ剤の水溶液でタオルを湿し、毛をすくいあげるようにして全体を拭きあげます。そのあと、きれいな水で絞ったタオルで仕上げ拭きし、毛並みを整えて陰干しします。

布おむつの浸けおき　セ タ

　フタつきの容器にあらかじめアルカリ剤の水溶液を作っておきます。おむつに固形物がついているときはトイレでざっと洗い流し、軽く水洗いしてから水溶液に浸けます。浸けているあいだにアルカリの働きで汚れがゆるみ、気になる臭いも抑えることができます。アルカリ剤の使用量は、洗濯のときを参考にしてください。

布ナプキンの浸けおき　セ タ

　アルカリ剤の水溶液に使用済み布ナプキンを浸けておきます。アルカリ剤の作用で血液が落ち、あとの洗濯が楽に。水溶液の濃さは洗濯のときを参考にしてください。あまり濃く作ると、繊維が傷むこともあるので気をつけましょう。

　ラベンダーやティートゥリーなど、抗菌作用があるとされる精油を1〜2滴たらしておくのもよいでしょう。長く浸けおくときは、途中でざっとすすいで絞り、水溶液も作りなおします。作りなおしの目安は1日1回ですが、気温や布ナプキンの汚れ具合によって加減してください。

シミや黄ばみの漂白　カ

　過炭酸ナトリウムなら色柄ものも漂白できます。漂白は洗濯後に行いましょう。通常の洗濯で落とせるような汚れが残っていると、漂白成分である過酸化水素が汚れと無駄に反応して漂白効果が落ちます。

使用量　湯3ℓに、過炭酸ナトリウム　大さじ2（約30g）

---

1. たらいやバケツに40度くらいの湯をたっぷり用意する。
2. 湯に過炭酸ナトリウムをよく溶かし、衣類を浸けこむ。フタをしておくと水温が下がりにくい。
3. 約1時間後、湯がさめたらすすぐ。

注意
- 綿や麻の白物には50度くらいの熱い湯を使うと、さらに効果的です。
- 50度以上に湯温を上げるのはやめましょう。過炭酸ナトリウムの分解速度が漂白速度を上まわり、発生した過酸化水素の一部が無駄になります。

血液のシミ　ア

　2倍に薄めたアンモニア水を歯ブラシやガーゼにつけ、シミの部分をとんとんとたたくと落ちやすくなります。衣類だけでなく、床、壁や家具についた血液のシミにも効果があります。

簡易クリーニング　ア

　水洗いできないスーツや制服などを手早くきれいにする方法です。アンモニア水は揮発性なので水での仕上げ拭きはいりません。生地を傷めないよう、こすりすぎに注意。不快な臭いがあるので風通しのよいところで作業しましょう。

使用量　水1ℓに、アンモニア水　小さじ1（約5㎖）

---

1. 水溶液にタオルをつけて絞る。
2. 汚れのめだつ襟や袖口、前立てなどをたたくようにして拭く。
3. 全体をまんべんなく拭いて服の汚れをタオルに移しとる。
4. 風通しのよいところにつるして臭いを飛ばす。

無添剤石鹸のアルカリ助剤として　タ　カ

　普段着の洗濯には炭酸塩入り粉石鹸がおすすめ。石鹸液が酸性に傾きにくく、洗浄力がキープできます。この場合の「炭酸塩」とは炭酸ソーダのことです。
　炭酸塩が入っていない無添剤石鹸しか手元にないときは、炭酸ソーダを混ぜましょう。無添剤粉石鹸と炭酸ソーダの割合が6：4くらいになるよう調整します。たとえば「炭酸塩40％入り粉石鹸100g」と同じにしたければ、無添剤粉石鹸60gに炭酸ソーダ40gを混ぜるという具合です。
　炭酸ソーダがないときは、過炭酸ナトリウムが使えます。過炭酸ナトリウムは、水に溶けると過酸化水素を放出して炭酸ソーダになるからです。混ぜる割合は、炭酸ソーダとほぼ同じと考えて差しつかえありません。

酸と洗濯

　アルカリ洗濯の仕上げ剤として、洗濯槽クリーナーとして、酸を洗濯に役立てる方法です。アルカリとの中和反応や、金属と反応する性質を利用します。レシピ中に出てくる「基本の酸スプレー溶液」の作り方については37ページをご覧ください。

石鹸洗濯の仕上げ剤として　ク ス

　石鹸洗濯の最後のすすぎ水に酸を入れると、衣類に残ったアルカリ分が中和されてふわっと仕上がります。長期間しまいこむ前の衣類も、酸で仕上げると保管中の黄ばみを軽くすることができます。使い方は一般的な柔軟仕上げ剤とほとんど同じです。

　クエン酸を洗濯機の「柔軟剤入れ」に入れるときは、少量の水で溶かしてから入れましょう。粉のままではうまく投入されないことがあります。

使用量　水30ℓに、

- クエン酸　小さじ1/3（約1g）
- または
- 基本の酸スプレー溶液　約30mℓ

1. 洗濯の行程が最終すすぎになったことを確認する。
2. 分量の酸をすすぎ水に直接入れる。または、最初から「柔軟剤入れ」に入れておいてもよい。
3. しばらく攪拌して酸が衣類にゆきわたったら脱水して干す。

注意
- 石鹸で洗っている最中、あるいは1回目のすすぎ中の洗濯槽に酸を入れないでください。石鹸の成分と酸が反応して酸性石鹸（石鹸カス）や油分ができ、衣類や洗濯槽を汚してしまいます。

洗濯槽クリーナーとして　ク

　アルカリ剤と水中のカルシウム分が結合すると炭酸カルシウムという白い結晶ができ、それが洗濯槽にこびりつくことがあります。糸くずネットや洗濯物に白い結晶が砕けたようなものがたまりだしたら、結晶汚れのサイン。酸で取りのぞきましょう。酸の使用量はお使いの洗濯機のサイズや汚れ具合によって増減してください。

使用量　水60ℓに、クエン酸　カップ約1/2（約100g）

---

1. 洗濯槽の最高水位まで水を入れる。
2. 酸を入れて2～3分撹拌する。
3. 数時間放置する。
4. 普通の洗濯コースを1回行う。
5. 結晶が取りきれない場合は、もう一度同じ手順で行う。

注意
- 酸で掃除をする前に、過炭酸ナトリウムで洗濯槽の掃除をしておきましょう（38ページ参照）。石鹸・洗剤の溶けのこりや石鹸カスなどがたまった洗濯槽に酸を使うと、それらが反応してできた酸性石鹸や油分で洗濯槽が余計に汚れます。
- ステンレス槽の洗濯機は長時間強い酸にさらすと傷む可能性があります。クエン酸を使いすぎないよう気をつけましょう。

掃除と住まいの手入れ

　壁やスイッチにうっすらついた手垢汚れ。水まわりにこびりつく白い水垢。トイレのアンモニア臭や靴箱にこもる靴の臭い。このような汚れにもアルカリと酸はよく効きます。

かたい汚れは酸で

　水まわりや電気ポットの中などに見られる白くてかたい水垢。その正体は水道水に含まれるカルシウム分です。酸は金属の仲間であるカルシウムを溶かすので、水垢も溶かすことができます。ただし、コンクリートや大理石についた水垢には酸を使わないでください。コンクリートや大理石もカルシウムを含んでいるので、水垢と一緒に酸で溶けてしまいます。また、金属に酸を使ったときはあとでよく水拭きしておきましょう。

やわらかい汚れはアルカリで

　手垢や油汚れなど、ベタベタしてやわらかい汚れはアルカリ剤で落とせます。アルカリは油汚れを乳化して水に溶けやすくし、タンパク質汚れに対しては、タンパク質の分子のつながりを切ったり弱めたりして洗いながしやすくします。ただし、アルミ素材の製品はあまり長時間アルカリに触れさせないでください。腐食を起こして素材が傷む恐れがあります。

臭い・香りについて

　基本の酸スプレーを作るとき、酢の臭いがきつすぎると感じたら、水で倍くらいに薄めてみましょう。ただし薄めるとそれだけ傷みやすくなるので2〜3ヵ月を目安に使い切ります。精油で香りをつけると、酢酸臭が飛んだあとにほのかに香ります。クエン酸やアルカリ剤、エタノールのスプレーや、粉のままのアイテムにも同様に香りづけすることができます。精油を混ぜるときは耐油性のある容器を選びましょう。

基本の酸スプレーを作る　ク ス

　酢またはクエン酸で作るスプレーです。トイレのアンモニア臭などアルカリ性の臭い消しや、水垢掃除などに使えます。

使用量
　酢（5%酢酸水溶液、またはホワイトビネガー）
　または
　水500mlに、クエン酸　小さじ1（約5g）

注意
- 金属面にスプレーしたときは、あとでよく水拭きしておきます。
- クエン酸を粉末のまま使うレシピの中には、厳密に計算すると基本の酸スプレー（クエン酸濃度1%）と違う濃度になるような分量が記載されているものがあります。これは、実際に使うときの計量のしやすさを考えあわせた結果です。濃度が多少違っても、実際の使用には特に問題はありません。

基本のアルカリスプレーを作る　セ タ

　思い立ったらすぐに掃除ができるようにアルカリスプレーを常備しておきましょう。分量のアルカリ剤と水を混ぜ、よく溶かせばできあがりです。軽い汚れなら、もう少しアルカリ剤の量を減らしてもかまいません。

使用量　水500mlに、
　セスキ炭酸ソーダ　小さじ1（4〜5g）
　または
　炭酸ソーダ　小さじ1/2（約2.5g）

注意
- 液を作りおきしたら、2〜3ヵ月以内を目安に使いきります。直射日光や高温を避けて保管してください。
- 過炭酸ナトリウムで基本のアルカリスプレーを作らないでください。ガスが発生して容器が変形・破損する恐れがあります。

洗面所・浴室・トイレ

　水を使うところにはカビやヌルつき、水垢などのやっかいな汚れがたまりがち。そんな汚れの掃除にもアルカリと酸は大活躍します。洗濯槽の黒カビや結晶汚れ、風呂釜掃除、トイレの臭いの対策法も紹介します。

洗濯槽の黒カビ掃除　カ

　洗った洗濯物に海苔のつくだ煮のような黒い付着物を発見したら要注意！　洗濯槽に黒カビが生えています。2～3ヵ月に1回を目安に過炭酸ナトリウムで掃除しましょう。洗濯槽を過炭酸ナトリウム液で浸けおくとき、湯垢のついた浴室アイテムなどを一緒に浸けておくと、汚れが落としやすくなって一石二鳥です。熱めの湯を使うので、洗濯機の耐熱温度を取扱説明書で確認しておきましょう。

使用量　湯10ℓに、過炭酸ナトリウム　100g

---

1. 50度くらいの湯を洗濯槽の最高水位まで入れる。
2. 過炭酸ナトリウムを入れ、3分間撹拌してよく溶かす。
3. 洗濯槽のフタを閉め、そのまま3～4時間放置する。
4. その後3分間撹拌したあとに排水と脱水を行う。糸くずネットが黒カビで満タンになっていたら取りのぞいておく。
5. 汚れが出なくなるまで、すすぎ～排水～脱水を2～3回繰りかえす。
6. 1回の掃除ですっきりしないときは、2～3回繰りかえし掃除してみる。

洗濯槽の白い結晶汚れ掃除　ク

　糸くずネットに白くて固い結晶が砕けたようなものがたまりだしたら、洗濯槽が炭酸カルシウムで汚れています。酸で掃除しましょう（35ページ参照）。

水垢の掃除 ク ス ジ

　水まわりについた白い水垢は、基本の酸スプレー溶液を含ませた布でこすると溶かせます。傷つきにくい面なら重曹で軽くこするのもよいでしょう。ガンコにこびりついているときは、酸を布に含ませてしばらくパックします。20～30分たったらパックを取りのぞいてぼろ布などでこすってみます。それで落ちなければ、さらにパック時間を延長します。クエン酸を使って掃除したあとは、よく水拭きしておきましょう。酸は金属を溶かすので、金属製品には酸パックをしないでください。ステンレスはある程度の酸に耐えますが、酸が濃すぎたりパック時間が長すぎたりすると、傷むことがあります。最初は薄い酸での短時間パックから試しましょう。

排水口掃除 カ

　排水口が臭ってきたり水の流れが遅くなったりしたら、過炭酸ナトリウムで掃除しましょう。完全に詰まってしまったパイプは、まずラバーカップ（吸引カップ）で大きな詰まりを取りのぞいてから掃除します。このほか、酸を使った排水口掃除もあります（56ページ参照）。

使用量　過炭酸ナトリウム　大さじ2強（30g）

---

1. 排水口の中は古歯ブラシなどを使ってこすり、汚れを落としておく。
2. 配水管内の温度を上げるため、40～50度の湯を適量注ぎいれる。
3. 過炭酸ナトリウムを排水口のまわりにふりかける。
4. 40～50度の湯をコップに1～2杯用意する。
5. 湯を過炭酸ナトリウムの上から少しずつまわしかけ、過炭酸ナトリウムがパイプ内部に貼りつくようにする。
6. シュワシュワという発泡音が排水口から上がってくるのを確かめる。
7. 1時間以上、放置したあと、湯でよく洗いながす。

風呂水ポンプ・洗濯機のホース掃除 カ

　過炭酸ナトリウムで化学的に汚れをはがします。ポンプの耐熱温度が50度未満のときは、掃除に使う湯もその温度まで下げましょう。

使用量　湯1ℓに、過炭酸ナトリウム　小さじ2（約10g）

1. たらいやバケツに約50度の湯を入れ、過炭酸ナトリウムを溶かす。
2. 1の湯をポンプでくみ上げ、ホースの中に満タンにする。
3. そのまま約2時間放置する。
4. ホースの中の湯を捨て、過炭酸ナトリウムが入っていない熱めの湯をしばらく通す。

浴室の床や壁についた垢や黒ずみ　セ タ ジ ク ス

　基本のアルカリスプレーを吹きかけて拭きとったり、重曹をふりかけて磨いたりします。掃除アイテムを浴室に常備しておくと、目についたときすぐに掃除に取りかかれて便利です。
　石鹸カスが原因の黒ずみには酸スプレーを使います。酸と反応した石鹸カスはツルツルとしたやわらかい質感の汚れになり、石鹸で簡単に洗い流すことができます。これは、石鹸カスが酸で中和され、脂肪酸という油の一種に戻るためです。

浴室の壁やタイルなどのカビ　カ エ

　過炭酸ナトリウムで漂白します。ぬるま湯500㎖に小さじ1程度の過炭酸ナトリウムをよく溶かし、歯ブラシや筆などでカビが生えているところに塗ってゆきます。しばらく放置し、やさしくこすりながら水で洗い流します。あまり強くこするとタイルやパネル材の目地を傷めるので注意しましょう。仕上げにエタノール水を吹きつけておくとカビ予防になります。

風呂釜洗浄　ふたつ穴タイプ（自然循環式）　カ

　ふたつ穴式風呂釜は内部にどろっとした湯垢がたまりやすい傾向があります。入浴後すぐに浴槽から水を抜く、掃除のたびにホースの水を穴に入れて勢いよく洗うなどするとよいでしょう。

使用量　過炭酸ナトリウム　約50g

1. 水漏れ防止のため、下のほうの穴を古タオルなどできっちりふさぐ。
2. 過炭酸ナトリウムを上の穴から、できるだけ奥のほうに入れる。
3. 上の穴から50～70度の湯を、あふれる直前まで注ぎ入れ、30分から1時間放置。
4. 下の穴のタオルをはずし、上下の穴からホースで勢いよく水を入れ、湯垢が出つくすまで洗う。

風呂釜洗浄　ひとつ穴タイプ（強制循環式）　カ

　ひとつ穴の風呂釜や、ふたつ穴でも湯止めカバーが外せないタイプの場合は、残り湯を利用して洗います。ただし、ヒノキや大理石の浴槽、24時間風呂はこの方法で洗わないでください。

使用量　過炭酸ナトリウム　250g（浴槽の大きさによって加減する）

1. 水面が穴より5cmぐらい上になるように残り湯の量を調節する。
2. 浴槽に過炭酸ナトリウムを入れ、よくかき混ぜて溶かす。洗面器などで溶かしてから入れるのもよい。
3. 入浴にちょうどよいくらいの温度（約40度）になるまで追いだきし、風呂釜の中を湯が循環することを確かめる。
4. 約3時間放置する。このとき、風呂イスや洗面器なども一緒に浸けておくと、汚れが落としやすくなる。
5. 約3分追いだきして風呂釜の中に湯を通してから排水する。
6. 水道のホースで穴に水を勢いよく通し、よく洗い流す。

浴槽の掃除 セ タ ジ ク ス

　アルカリスプレーを吹きかけてこすり洗いします。ガンコにこびりついた汚れは石鹸を使ったり、重曹で磨いたりするとよいでしょう。水垢のようなかたい汚れは酸で掃除します（39ページ参照）。

浴室の「青い汚れ」掃除 ア ジ

　浴室のタイル目地や、浴槽の水面が接する部分にぐるりと青い色がつくことがあります。これは、銅製の配管から水中に出てきた銅イオンと、石鹸や垢に含まれている脂肪酸が反応してできた「銅石鹸」です。
　銅石鹸は、アンモニアの10%水溶液を含ませたスポンジやぼろ布でよくこすると落とせます。ついてすぐなら、石鹸や重曹でこするときれいになることもあります。どの方法で洗っても、あとでよく水ですすいでおきましょう。

湯垢のついた洗面器や風呂イス セ タ ク ス

　残り湯にアルカリ剤を入れてひと晩浸けてみましょう。翌日には汚れがゆるんで比較的らくにこすり落とせます。
　石鹸カスが原因で黒ずんだ汚れには酸も効果的です。アイテム全体に基本の酸スプレーを吹きかけると、かたく貼りついたようになった石鹸カス汚れが脂肪酸に変化し、やわらかい油汚れになります。これを石鹸で洗いおとします。

トイレの便器掃除 セ タ

　1日1回、ブラシでさっとこすっておくとそれほどひどく汚れません。「朝起きたとき」「夜寝る前に」などと習慣づけるとよいでしょう。ブラシ洗いだけでは落ちないときは、液体石鹸やアルカリスプレーで汚れをゆるめてこすり落とします。

便器の黄ばみや水垢取り　ク　ス　ジ

　軽いものなら基本の酸スプレーを吹きかけてこするか、重曹や目の細かいサンドペーパーでこすると取れます。ガンコな水垢は酸パックで溶かします（39ページ参照）。

便器の尿石取り　ク　ス

　尿石は、尿に溶けているカルシウムイオンが炭酸などと反応し、カルシウム化合物として便器や配管の内部に貼りついたものです。カルシウムは酸で溶かせるので、尿石がつきそうなところにはこまめに酸スプレーを吹きかけてこすっておきます。ガンコにこびりついた尿石には酸パックを（39ページ参照）。

トイレの床掃除　ク　ス

　尿は案外広い範囲に飛びちっています。目に見えなくても、掃除するたびに酸スプレーをひと吹きして拭いておきましょう。ぼろ布や雑巾をトイレに常備しておくと、こぼした人がその場で拭きとれます。床のマットは定期的に洗濯しましょう。

トイレの臭い消し　ク　ス

　トイレのアンモニア臭はアルカリ性なので、酸で中和すると消えます。酸のスプレーをトイレに常備し、臭いの元にスプレーして拭きとります。トイレトレーニング中のお子さんやペットの粗相対策にもどうぞ。クエン酸スプレーを使ったあとはよく水拭きしておきましょう。
　アンモニア臭の元は尿に含まれる尿素という成分。尿素が分解されてアンモニアができると、あの独特の臭いが出てきます。尿をこぼしたときにすぐ拭きとっておけばアンモニアはできないので、きつい臭いも出にくくなります。

リビング・その他

　みんなが集うリビングは、汚れもたくさん集まります。床や壁などの基本的な掃除のほか、家具や家電類の汚れ落としにアルカリと酸は役立ちます。玄関の靴箱まわり、タンス、カーペットなどの気になる臭い消しテクニックもご紹介します。

狭い範囲の拭き掃除　セ　タ

　手垢のついた電気スイッチや一部だけ黒ずんだような壁・ドアなどに。アルカリスプレーを掃除する場所に吹きかけ、雑巾で拭きます。コンセントや電気機器など水気を嫌うものは、雑巾のほうにスプレーしてから拭きましょう。その後、きれいな水でかたく絞った雑巾で仕上げ拭きします。汚れがこびりついているときは、アルカリスプレー液を含ませた布でしばらくパックすると、汚れがゆるんで落としやすくなります。

　器物類の中にはアルカリに弱い素材が使われていることもあるので、最初のうちはアルカリスプレーの濃度を少し低めにしておきましょう。また、白木など水拭きができない素材やワックスがはげると困るような場所はこの方法で掃除しないようにします。迷ったときは、めだたない場所で試し拭きしてから判断しましょう。

広い範囲の拭き掃除　セ　タ

　床や壁全体など、広い範囲を軽く掃除するときに。バケツの水5ℓにセスキ炭酸ソーダ大さじ1または炭酸ソーダ大さじ1/2をよく溶かし、そこで雑巾を洗いながら拭いてゆきます。拭いたあとに水拭きして仕上げましょう。

　白木の床やタンスなどの水拭きができない素材や、ワックスがはげると困るような場所はこの方法で掃除できません。迷ったときはめだたない場所で試し拭きしてから判断しましょう。

黄ばんだ畳のケア　ス

　酢水を浸してかたく絞った雑巾で拭くと、黄ばみが薄らぎます。畳を傷めないよう、畳の目に沿って軽く拭きましょう。水2ℓに、酢約100㎖（1/2カップ）くらいの割合がちょうどよいでしょう。

靴や靴箱、タンスの臭い消し　ジ

　靴の臭いには半紙や和紙に包んだ重曹をつま先のほうに入れておきます。靴箱やタンスには、フタなしの小さな容器に入れた重曹を邪魔にならない場所に置きます。脱臭効果がなくなったと感じたら取りかえましょう。使用後の重曹はクレンザーとして掃除に使えます。

カーペットの臭い消し　ジ

　重曹をシェーカーなどに入れて、まんべんなくカーペットにふりかけます。そのまま2時間ほど放置してから掃除機で丁寧に吸いとります。重曹が残ると、素足で歩いたときにアルカリの作用で足裏が荒れることがあるので気をつけましょう。

そのほかの臭い消し　セ　タ

　ものが腐った臭いや、すえた臭いが気になったら、基本のアルカリスプレーをひと吹きしてから拭きとります。酸性の臭いが中和され、臭いを放っていた汚れそのものも取りのぞけます。最後は水拭きをして仕上げましょう。

壁や窓ガラスのカビ エ

　40〜60%程度のエタノール水で拭いて取りのぞきます。薬局で販売される無水エタノールや医療用の消毒用エタノール（80%）を薄めてもよいですし、最初からその濃度に調整された家事用アルコール製品なら薬局以外でも手に入ります。

　自分で調整したエタノール水溶液は耐アルコール性のあるスプレーボトルに入れると便利です。ただ、カビに直接エタノールをスプレーすると胞子がまわりに飛びちってしまいます。エタノールは、まず布にスプレーし、その布でカビをそっと拭きとりましょう。

使用量
水40mlに、無水エタノール　60ml
または
水50mlに、消毒用エタノール　50ml
（いずれもエタノール濃度40%、できあがり量100ml）

1. ぼろ布をエタノールで湿らし、静かにカビを拭きとる。
2. カビを拭いたぼろ布は、ビニール袋に入れて密閉する。
3. きれいになったら、カビの生えていたところに消毒用エタノールを吹きつけて殺菌する。

電気機器の掃除 セ タ エ

　電気機器の外側の手垢汚れなどは、アルカリスプレーを布に含ませて拭いてから仕上げ拭きします。水気が機械の中に入ると故障の原因になるので、直接スプレーするのはやめましょう。コネクタなどの通電部分は揮発性のあるエタノール水で拭くのが安全です。掃除する前には、必ず機器のプラグをコンセントから抜いておきましょう。

煙草のヤニ汚れ　セ　タ

　基本のアルカリスプレーをヤニ汚れに吹きかけて拭きとります。一回拭いただけでは取れないときは、アルカリスプレー溶液をしみこませた布でしばらくパックしてみましょう。汚れが落ちたら水拭きして仕上げます。壁一面に薄くついたヤニ汚れを掃除するときは、あらかじめアルカリ水溶液をバケツに作り、そこで雑巾を洗いながら拭いてゆくとよいでしょう。

照明器具の汚れ　セ　タ

　メインスイッチを切ってから手入れします。電球や蛍光灯は取りはずし、アルカリスプレーで湿らせた布でそっとぬぐって水拭きで仕上げます。シェードはたまったほこりを乾いた布やダスターなどでそっと取りのぞき、そのあとアルカリスプレーを使って油性の汚れを落とします。仕上げに水拭きしましょう。

車内の汚れ　セ　タ

　合皮や樹脂、窓ガラスなどについた手垢や油性汚れはアルカリスプレーで拭きとります。仕上げは水拭きで。本革張りの部分は不用意に液体をかけるとシミになることがあるので、目立たない部分で試し拭きして問題ないことを確かめてから掃除しましょう。

車内の臭い　ク　ス　セ　タ　ジ

　アンモニアのようなツンとした臭いがこもっているときは車内に酸のスプレーを吹きかけます。クエン酸より、成分が揮発して後に残りにくい酢のスプレーが便利でしょう。食べ物や皮脂が原因のすえたような臭いは、臭いの強いところにアルカリスプレーを吹きかけて水で拭きあげます。フタのない容器や目の詰まった布の小袋に重曹を入れ、車内に置いておくのも消臭に役立ちます。

キッチンまわりの手入れ

　キッチンがきれいだと、食事の準備や後かたづけも気持ちよく行えます。アルカリと酸を上手に使い分ければ、少ないアイテムで幅広い範囲のクリーニングが可能。用途別洗剤をストックする手間やスペースも大きく節約できます。

キッチン汚れとアルカリ

　キッチンは食べ物を調理する場所なので、付着する汚れも油やタンパク質などが多めです。特に換気扇やレンジまわりには、肉や魚の脂やタンパク質が混ざりあったガンコ汚れがたまりがち。ですが、このような汚れこそアルカリ剤のもっとも得意とするところです。市販の洗剤類では落ちなかった換気扇の汚れがあっさり落ちたことがきっかけで、アルカリ剤のファンになったという方もたくさんいらっしゃいます。さらに、洗剤類よりも拭きとり簡単なので、掃除に取りかかるのがおっくうでなくなる……つまり、「きれい好き」になれるという心理的な効果も見のがせません。ただ、すべての汚れをアルカリ剤だけで落とせるわけではありません。アルカリで手に負えない汚れは無理をしないで石鹸に任せましょう。

素材に注意

　現在のシステムキッチンや、キッチンアイテムにはさまざまな素材が使われています。ステンレスやホーロー、タイルはアルカリや酸に強いので、基本のアルカリスプレーや酸スプレーがほぼ問題なく使えます。新素材の樹脂や特殊コート面にアルカリや酸、エタノールを使いたいときには、注意が必要です。まずめだたない場所で試して不具合が出ないことを確かめてから本格的に掃除するようにします。特に、樹脂やプラスチックはアルコール類に弱いことがあり、いきなりエタノール水溶液を吹きかけると、くもったり変形したりする可能性があるので気をつけましょう。

手洗いについて

　直接口に入るものを扱うことの多いキッチンは、リビングや玄関などよりも衛生面に注意を払う必要があります。殺菌消毒というと「消毒用エタノール」がまず浮かびますが、実はもっとも手軽に行えてしかも効果が高い衛生管理法は「石鹸で丁寧に洗う」ことです。調理前の手洗いも、石鹸で十分に汚れを洗い流せたならそれ以上の消毒は必要ありません（手洗い後の消毒を医師から指導されている場合は、その指示に従ってください）。

まな板やふきんの消毒

　生の肉や魚を切ったまな板は、石鹸で汚れを十分に洗いおとし、そのあとに熱湯消毒します。ただし、タンパク質は熱で凝固する性質があり、生のタンパク質汚れをよく洗い流さないまま熱湯をかけると汚れが固まってその場にこびりついてしまうので注意しましょう。それ以上の消毒や漂白が必要なときは過炭酸ナトリウムを使います。このほか、日光に含まれる紫外線にも殺菌消毒や漂白の作用があります。自然のエネルギーをそのまま利用する環境負荷の少ない方法なので、普段の衛生管理に大いに役立てましょう。

調理家電類について

　炊飯器やオーブンレンジ、パン焼き器など、よく使う家電製品ほど手垢や食品汚れがつきやすいものです。手でよくふれる部分は普段からこまめに水拭きしておくとホコリも取れ、汚れも定着しにくくなります。うっすら汚れてきたら、アルカリスプレーで湿らせた布で拭きましょう。

　家電類を掃除するときには必ずコンセントからプラグを抜いておきます。通電したまま水溶液のスプレーを吹きかけると、感電したり事故の原因になったりします。また、プラグを抜いた後も、やたらとスプレーを吹きかけないようにします。内部に水が入るとそれが原因で故障する可能性があるからです。特に水気を嫌う通電部分の部品は、揮発性の高いエタノールの水溶液を布や綿棒に含ませて掃除するほうが安全でしょう。

食事の後かたづけ

　食べ残しや調味料類など、食べたあとの食器にはさまざまな汚れがついています。基本のアルカリスプレーやスクレーパー、ぼろ布、重曹を入れたシェーカーをシンク近くに常備するなどして、使い勝手をよくしておくとらくに洗えます。

ひどい油汚れの下処理　セ タ

　洗浄力が落ちやすい無添剤石鹸の欠点をアルカリ剤でカバーする方法です。スクレーパーやぼろ布などで、皿や調理器具に残っている汚れをできるだけ取りのぞき、その後に基本のアルカリスプレーを吹きかけてから石鹸で洗います。

口の狭いビンの油汚れ　セ タ

　まず、ビンにアルカリ剤とぬるま湯を入れてふり混ぜます。その液を捨てた後、液体石鹸とぬるま湯を入れてもう一度ふり、残った汚れを落とします。あとは水で十分にすすいでおきましょう。軽い汚れならアルカリ剤だけで落とせることもあります。

プラスチック製品のベタつきや臭い　セ タ

　水3ℓに、セスキ炭酸ソーダ大さじ1または炭酸ソーダ大さじ1/2を溶かし、その中にプラスチック製品をしばらく浸けておきます。その後、スポンジやブラシでベタつきをこすり落とします。

軽いコゲつき落とし　ジ

　グラタン皿のコゲや、鍋肌にこびりついたアクをこすり落とすときには重曹が便利。汚れに直接ふりかけたり、ぼろ布やスポンジにつけたりして汚れをこすります。

鍋のコゲ落とし　カ　ジ

　重曹は二酸化炭素の、過炭酸ナトリウムは過酸化水素の発泡力でコゲつきを落とします。コゲつきの程度や鍋の大きさに応じて使用量は加減してください。ただし、アルミ鍋はアルカリに弱いのでおすすめしません。

　煮たててガスを放出したあとの重曹と過炭酸ナトリウムは、どちらも炭酸ソーダになっています。pHが高くて脱脂力が強いので、手荒れに注意してください。

使用量　重曹、または過炭酸ナトリウム　小さじ2程度（約10g）

---

1. コゲついた鍋に適量の水を張り、重曹または過炭酸ナトリウムを入れて火にかける。
2. コゲを木ベラなどで、ときどきこすりながら煮たて、火を止めてしばらくの間放置する。
3. 浮いてきたコゲをこすり取り、水洗いする。
4. コゲ跡が残ったら、重曹やクレンザーをふりかけてこすり落とす。

鍋の焼けつき汚れ　カ

　激しいコゲつきではないけれど、鍋肌が焼けついたように茶色く汚れることがあります。そのようなときは過炭酸ナトリウムで漂白してみましょう。鍋に50度程度の湯を張り、小さじ2程度の過炭酸ナトリウムを入れて冷めるまで放置します。フタをすると湯が冷めにくいので効果的に漂白できます。最後は水洗いして仕上げましょう。

銀製品のくもり　ジ

　アルミ箔と重曹で銀製品のくもりが取れます。食器やカトラリーだけでなく、銀のアクセサリーなどにも応用できます。ただし、真珠や木など異素材が組みあわされているアイテムはこの方法で洗わないでください。

使用量　水1ℓに、重曹　大さじ3（40～50g）

---

1. 大きめの鍋やパッドにアルミ箔を敷く。
2. 沸騰した湯を注ぎ入れ、その中に重曹を溶かしこむ。
3. アルミ箔の上にくもった銀製品を置き、数時間～ひと晩放置する。
4. 水で洗い流してからやわらかい布で磨く。

魚焼きグリル　ジ

　魚焼きグリルで魚を焼くとき、下のトレイに水がわりに重曹を敷きつめます。臭いが軽くなり、洗うときはその重曹で洗えます。重曹は熱せられると分解し、その一部が炭酸ソーダになります。洗浄力はアップしますが、その分、手肌の皮脂もよく落とすので、トレイを洗うときはゴム手袋をしましょう。

　トレイの重曹は、1度使ったら処分してください。魚や肉の脂がたっぷり浸みた重曹を何度も使いまわすと発火の恐れがあります。

クレンザーとして　ジ

　鍋やシンク磨き、茶渋、タバコのヤニなどをこすり落とすのに、重曹が使えます。市販の粉末クレンザーと同じように考えてください。塗りやプラスチックなど、傷のつきやすい素材には使わないほうがよいでしょう。重曹と液体石鹸を混ぜてクリームクレンザーのようにするのはあまりおすすめしません。石鹸のpHを重曹が下げるので、洗浄力が落ちます。

食器洗い機用洗剤として　カ

　食器洗い機専用洗剤として、過炭酸ナトリウムが使えます。過酸化水素の漂白作用で茶渋やくすみもすっきり。食器洗い機にこもるいやな臭いにも効果的です。使用量は、4～5人用の機種に、過炭酸ナトリウム小さじ1（約5g）が目安。食器の量や汚れ具合によって加減してください。食べ残しやカレールー、ソースなどはぼろ布やスクレーパーであらかじめ拭きとっておきましょう。

食器洗い機の水垢落とし　ク　ス

　食器洗い機の庫内に水垢がたまったら、酸を入れてワンサイクル運転してみましょう。酸が水垢の成分である炭酸カルシウムを溶かしてくれます。4～5人用で、基本の酸スプレー溶液約200㎖が適量です。クエン酸を粉のまま使いたいときは、小さじ1～2から試しましょう。酸を入れすぎたり、酸を入れたまま長時間放置したりすると、庫内の金属部品が傷むことがあるので注意しましょう。

食器やふきんなどの殺菌漂白　カ

　茶渋のついた湯飲みやまな板の漂白、ふきんや赤ちゃんの食器などの殺菌に。40度くらいの湯2ℓに過炭酸ナトリウム小さじ2～大さじ1を溶かし、そこに殺菌漂白したいものを浸けておきます。漂白が終わったらよく水洗いしましょう。
　過炭酸ナトリウムはステンレス以外の金属と反応し、質感を変えることがあります。金彩の入ったアイテムには使わないほうがよいでしょう。

キッチンの掃除

　気がついたらびっくりするくらいたまっているレンジまわりの油汚れ。油煙で真っ黒になった換気扇。シンクや電気ポットにこびりつく水垢や、パイプの中のヌルヌル汚れ。こんな汚れものにもアルカリと酸は威力を発揮します。

乾いた油汚れ　セ　タ　エ

　換気扇やコンロまわり、壁などの油汚れに基本のアルカリスプレーをひと吹きし、ぼろ布で拭きとります。そのあと水拭きするか、水洗いできるものは取りはずして洗います。

　汚れがひどいときは、アルカリスプレーしたあとしばらく放置、あるいはスプレー液をしみこませたぼろ布でパックしたあとに拭いてみましょう。スプレー液のアルカリ剤濃度を少し高めてみると、よく落ちるようになることもあります。

　エタノールも油汚れを溶かす働きがあります。40〜60％に調製したエタノール水を汚れにスプレーし、拭きとりましょう。ただし、引火性があるので火には絶対に近づけないでください。

ネトネトしてやわらかい油汚れ　ジ

　ついてすぐの油汚れに重曹をふりかけ、しばらくなじませます。重曹が油を十分に吸いとったら、スクレーパーやぼろ布などでこそげ落とします。残った油分は石鹸などで洗いおとしましょう。

ガスレンジのコゲつき ジ セ タ

　五徳などにガリガリにコゲついた汚れは金属製のヘラでざっとこすり落とし、そのあと重曹をふりかけてこすります。油と混ざったようなガンコ汚れには石鹸入りのクレンザーを使ってみましょう。ただし、フッ素コートやガラス加工をした表面をあまりこすると傷がつくことがあるので注意してください。取りはずせる部品類は熱めの石鹸やアルカリ剤の水溶液中にしばらく浸けこむと、汚れがゆるんで落ちやすくなります。

IHヒーターなどのコゲつき セ タ ジ

　油汚れは基本のアルカリスプレーを吹きかけて拭きとります。ガンコな油汚れには石鹸を使ったり、アルカリスプレー液でパックしたりするのもよいでしょう。クッキングヒーター類のトップ面は傷がつきやすいので金属のヘラは基本的に使えません。重曹やクレンザーでもゴシゴシこすると細かな傷がつくことがあるので気をつけましょう。

冷蔵庫 エ

　エタノールは酒の成分でもあり、食品を保管する冷蔵庫掃除に適しています。庫内やドアパッキンなどをエタノール水を含ませた布で拭きます。殺菌作用があるのでカビ予防にもなります。細かいところの掃除には綿棒を利用しましょう。

電子レンジ・オーブン庫内 セ タ

　庫内の油汚れにアルカリスプレーをひと吹きして拭きとります。電子レンジは、濡れぶきんを1〜2分加熱してから掃除するのも効果的。ふきんから出るスチームによって汚れがゆるみ、熱々のふきんはそのまま掃除に使えます（やけどに注意）。ただし、熱に弱い繊維や金属糸を使ったふきんは電子レンジで加熱しないでください。

生ゴミ入れの臭い消し　ジ

　台所のゴミ箱や生ゴミバケツに重曹をあらかじめカップ1/4〜1/2くらい入れておくと、いやな臭いが立ちにくくなり、ゴミから出る水分もある程度吸いとってくれます。ゴミ箱を洗うときはその重曹で洗えます。ゴミ箱からいやな臭いが立ってきたときも、カップ1/4〜1/2くらいをゴミの上からまくと臭いが和らぎます。

調理後の臭い　ジ

　石鹸で洗ったあとも魚や肉の生臭さが残ったまな板は、重曹をふりかけて、たわしで洗ってみましょう。手に残った臭いも重曹でこすり洗いすると消えます。

キッチンの排水口掃除　ク

　石鹸カスや石鹸の溶けのこり、二次石鹸*などが排水パイプに貼りついて水の流れが悪くなったときに。これらの汚れに酸がはたらきかけ、脂肪酸という油の一種に変化させて洗いながします。乾麺や野菜をゆでたときに残った湯を利用すると、無駄がありません。

使用量　湯2ℓに、クエン酸　カップ1/4〜1/2

---

1. 鍋に50度くらいの湯を用意し、酸を溶かす。
2. 酸入りの湯を排水口に一気に流しこむ。
3. パイプの中に強い酸が残らないよう、水を流してすすいでおく。

＊二次石鹸とは、排水中の油分とアルカリが反応してできるブヨブヨした感触のもの。油っぽい汚れを流すことの多い台所の排水口や排水管の中にできることが多い。食器や調理器具の油汚れを十分に拭きとってから洗うようにするとできにくくなる。

電気ポットの手入れ　ク　ス

　電気ポットの内側にたまる水垢の正体は炭酸カルシウム。人体に害はありませんが、たくさんつくと故障の原因になるので、定期的に掃除しましょう。ポットに浄水フィルターがついているときは、掃除する前に取りはずしておきます。

使用量　容量2〜3ℓに、　基本の酸スプレー溶液　約200㎖
　　　　　　　　　　　　　　または
　　　　　　　　　　　　　　クエン酸　小さじ1/2〜1（2〜5g）

---

1. 満水にしたポットに酸を入れる。
2. よく混ぜて溶かしたら、約1時間通電する。
3. 湯を捨て、残った汚れをこすり取ってから水ですすぐ。

コーヒーメーカーのパイプ掃除　ク　ス

　水垢でパイプが詰まり、湯の出が悪くなったときに。一度で汚れが取りきれない場合は、何回か掃除をくり返してみてください。

使用量　水500㎖に、　基本の酸スプレー溶液　約50㎖
　　　　　　　　　　　　または
　　　　　　　　　　　　クエン酸　小さじ約1/2（約2g）

---

1. 水タンクに水を入れ、その中に酸をよく溶かす。
2. フィルターバスケットとガラスポットをセットし、スイッチを入れる。
3. ドリップし終わったら湯を捨て、水タンクにきれいな水を入れてもう一度スイッチを入れてすすぐ。
4. すすぎのためのドリップを2〜3回行い、コーヒーメーカー内部に残った酸を洗いながす。

ボディケアや調理など

洗濯掃除キッチンのほかにも、アルカリと酸にはいろいろな使い方があります。知っていると役立ついろいろな利用法をご紹介します。

ボディケアとアルカリ

「美人の湯」「美肌の湯」と称される温泉が昔から日本にはたくさんありますが、これらの多くはアルカリ性の温泉です。アルカリが皮脂を乳化し、肌の角質層のタンパク質に働きかけるので肌の感触がツルツルとするわけです。余分な皮脂や古い角質が取りのぞかれるのは肌の適度な新陳代謝を促すので、美肌・美人の湯という表現は科学的に見てもまちがいではありません。自宅の風呂でも、重曹などのアルカリを浴槽に加えればちょっとした温泉気分が味わえます。ただし、入れすぎると肌がかさかさすることもあるので様子を見ながら量を加減しましょう。

ボディケアと酸

アルカリ性の温泉があるように、酸性の温泉もあります。日本で一番酸性が強いのは秋田県の玉川温泉で、そのpHはなんと1.05。酸が強いので殺菌力があり、皮膚疾患をはじめとする体の不調に効果があるとされています。ただ、自宅の浴槽に酸を入れるのはあまりおすすめできません。石鹸やシャンプーのアルカリ性が中和されて使いにくくなりますし、浴槽や風呂釜の素材が傷む可能性もあります。入浴時の酸の利用は石鹸シャンプー後のリンス程度にとどめるのがよいでしょう。

ペットケアとアルカリ・酸

　ペットを飼っていると気になるのが臭いです。大型犬などは自宅でシャンプーをするのはなかなか大変なので、水を使わない重曹でのドライシャンプーは重宝するでしょう。よくブラッシングして重曹を払いおとすことで、体に丁寧に触れることにもなり、ペットの体の異変を早めに察知できるという利点もあります。ペットスペースをアルカリスプレーで定期的に拭いておくのも清潔を保つのに役立ちます。トイレのアンモニア臭にはアルカリではなく酸スプレーで対処します。

ペットケアと重曹の注意点

　ペットの体に重曹をふりかけたあと、そのまま放置しないでください。アルカリの作用でペットの肌が乾燥することがあります。また重曹がペットの口に入らないようにしましょう。動物は概して人間よりも「塩分控えめ」にする必要があり、ナトリウムを多く含む重曹を摂るのはトラブルの元です。特にネコは腎臓機能が低下しやすい傾向があるので、ナトリウムの過剰摂取はよくありません。ネコは全身をなめてきれいにする習性があり、体に重曹が残っているとそれをなめ取ってしまう可能性もあります。ネコの居場所には重曹を置かないほうがよいでしょう。

食べものとのかかわり

　アルカリは塩辛さや苦みがあるため、調味料や料理素材として使われることは多くありません。しかし、下ごしらえや加工食品の分野では大いに活躍しています。重曹はお菓子を作るときの膨張剤、こんにゃくの凝固剤や山菜のアク抜きなどに。炭酸ソーダは中華麺や沖縄そば作りに欠かせないかん水の主成分です。

ボディケア

　口の中に入れる用途に使うときは、食品添加物と明記されている製品を選びます。また、アルカリや酸を使って体にトラブルが出たときは、すぐに使用を中止し、必要に応じて適切な医療機関を受診してください。

入浴剤として セ タ ジ

　アルカリ剤は余分な皮脂や角質を落とす働きがあり、市販の入浴剤にもよく配合されます。使用量は、浴槽1杯の湯に、セスキ炭酸ソーダ大さじ1、または炭酸ソーダ大さじ1/2、または重曹カップ約1/2が目安ですが、浴槽の大きさや使用感に応じて増減してください。夏のお風呂におすすめなのはさっぱり感のある重曹。これにハッカ油を少量加えるとすーっとした清涼感がプラスされます。

手作りバスボム ジ ク

　浴槽に入れるとシュワッと泡立つ楽しい固形入浴剤です。形を作るときは、上下が空いているクッキー型などを使うと取りだしやすいでしょう。水分と反応しやすいので乾燥剤を入れた密封容器で保管します。

使用量
- 重曹　大さじ2（約30g）
- クエン酸　大さじ1（約15g）
- コーンスターチ、または片栗粉　大さじ1（約10g）
- 水少々

1. 粉類を混ぜ、水を1滴ずつ加えてなじませる。水を入れすぎると泡立ってしまうので注意。
2. 全体が湿り、指でさわると固まるようになったら、型に入れてぎゅっと抑えて形を作る。
3. 形を崩さないよう気をつけて取りだし、半日〜1日くらい乾燥させる。

歯磨き ジ

　重曹をそのまま歯ブラシにつけて磨きます。ハッカ油をたらしたり、ハッカの結晶である「ハッカ脳」を細かく砕いて混ぜたりすると、メントール効果で口の中がすっきり。

ヘアリンスとして ク ス

　石鹸シャンプー後の髪はアルカリ性に傾いているので、酸で中和します。開いていたキューティクルが閉じ、わずかに残っていた石鹸カスが脂肪酸という油の一種に変わって髪の手ざわりがよくなります。レモン汁も酢と同様に使えます。酢の臭いが苦手な人は、クエン酸を使いましょう。酢もクエン酸も、頭や体に傷があるとしみるので注意してください。

使用量　洗面器1杯に、
- クエン酸　小さじ約1/2弱（1〜2g）
- または
- 酢　約30㎖

1. 洗面器の湯に酸を溶かしてリンス液を作る。
2. リンスを髪全体によくなじませる。
3. 髪にリンスがゆきわたったら、湯でよくすすぐ。

クエン酸リンス原液 ク

　毎回クエン酸の顆粒を溶かすのが面倒なときは、ヘアリンス原液を作りおきするとよいでしょう。分量は水500㎖にクエン酸約60gが目安です。使うときは、洗面器1杯の湯に約30㎖を溶かします。髪や肌の調子を見ながら、使用量を加減してください。

　好みの精油で香りをつけたり、グリセリンなどの保湿剤を混ぜたりしてもよいでしょう。精油を混ぜるときは耐油性のある容器を選び、使う前にはよくふり混ぜます。手作りリンスは市販のリンスより変質しやすいので、少しずつ作って早めに使いきるようにします。

そのほかの利用法

　洗濯や掃除以外でアルカリと酸を生活に役立てる方法をいくつかご紹介しましょう。布ナプキンライフを楽にするアイディアや、エタノール水溶液の使い方のコツ、ペットケアにおけるアルカリと酸のテクニックについてなど。

布ナプキンでの外出　セ タ

　小さいスプレーボトルに基本のアルカリスプレー液を入れて携帯し、交換した使用済み布ナプキンの汚れた部分にひと吹きしてからたたんで持ちかえります。血液が乾きにくいのでシミになりにくく、アルカリのタンパク質分解作用で汚れも落ちやすくなります。ティートゥリー、ラベンダー、ミントなどの精油をスプレー液にたらしておくと、臭いの心配も少なくなります。

衛生管理　エ

　布やティッシュなどに消毒用エタノールを含ませ、消毒したい場所を拭きます。消毒したい場所にエタノールを直接スプレーするのはよくありません。スプレーの勢いで、ウイルスや細菌が周囲に飛びちることがあるからです。

　消毒用エタノールは、ウイルスの構造を破壊したり、細菌を殺したりして感染力をなくします。インフルエンザウイルスにも有効です。ただし、ノロウイルスやロタウイルスなど、エタノールが効かないウイルスも多数存在するので過信は禁物です。より詳しい使い方や感染予防策については、医療機関にご相談ください。

油性物質の溶剤として　エ

　手作り化粧品やルームスプレーに油性物質を溶かしこみたいとき、溶剤として使います。容器にエタノールを入れ、そこに精油やオイルなどをよく溶かしこんでから、精製水やその他の材料を注ぎいれて混ぜます。時間がたつと分離することもあるので、使うときにはよくふり混ぜましょう。

ヘアトニックの レシピ例	精製水、またはフローラルウォーター*　85㎖ 無水エタノール、またはウォッカ　10㎖ グリセリン　5㎖ 精油　4滴以内

＊植物を高温の水蒸気で蒸して精油を作るとき、副産物としてできる液体。植物の香りや成分が溶けこんでいて、食用や化粧品の原料として使用される。

ペットのドライシャンプー　ジ

　身体にまんべんなくふりかけてなじませ、ブラッシングすると臭いが取れます。重曹が毛並みに残らないよう、丁寧にブラッシングして払いおとしたり、ホットタオルで拭いたりして仕上げましょう。ただし、ネコにはこのケアを行わないでください（59ページ参照）。

ペットスペースの臭い消し　ジ　ク　ス

　重曹は、小屋やケージの四隅など、ペットの口に入る心配のないところに置きます。1週間くらいで交換してください。ペットトイレのアンモニア臭には、重曹ではなく酸のスプレー液を使ってください。クエン酸の水溶液を使ったあとは、きれいな水で仕上げ拭きをしておきましょう。

番外編 調理とアルカリ

　酢酸が含まれる酢やクエン酸が豊富な果物などは料理素材としてすでにおなじみです。ここではアルカリを調理に使うヒントをいくつかご紹介しましょう。調理に使うときは、食品添加物と明記してある製品を選ぶようにします。

山菜のアク抜き　ジ

　ワラビ、ゼンマイ、フキノトウなど、ゆでるだけではアク抜きが十分にできない山菜には重曹を使います。
　2ℓの熱湯に小さじ1程度の重曹を加え、この中に山菜を入れて火を止めます。そのまま落としブタをして、冷めるまで放置します。熱湯に浸けている間に山菜はやわらかくなっているので、改めて下ゆでなどする必要はありません。

大豆をやわらかく煮る　ジ

　大豆を食塩水や重曹水に浸けてから煮ると、早くやわらかくなります。大豆に含まれる「グリシニン」というタンパク質がアルカリによって分解されるからです。また、アルカリは大豆の繊維をふやかす働きもするので皮もやわらかくなります。
　重曹水溶液の濃度は0.2〜0.3％以下にしましょう（水1ℓに対して2〜3gが限度）。入れすぎると苦みが出るうえ、アルカリに弱いビタミン類を減らすことにもなります。食塩なら1％程度が適当です（水1ℓに対して10g）。浸け汁のまま煮こみますが、塩味やアルカリの風味が気になるようなら一度水を替えましょう。

ソーダブレッド 🧴

　イーストを使わない「クイックブレッド（早くできるパン）」の一種です。生地をふくらませるのは、重曹とバターミルクの酸が反応して出る二酸化炭素ガスの力。アイルランドで人気があり、配合材料によりさまざまなバリエーションがあります。お好みで、ナッツやドライフルーツ、ごまなどを焼きこむのも楽しいでしょう。バターミルクが手に入りにくいときは、ヨーグルトで代用できます。

レシピ例
- 薄力粉　195g
- 全粒粉　195g
- グラニュー糖　大さじ2（30g）
- 重曹　小さじ1（5g）
- 塩　小さじ1（5g）
- バターミルク　360㎖

1. ボウルで小麦粉、砂糖、重曹、塩を混ぜ、混ざったら中央を丸くくぼませてバターミルクを注ぐ。
2. 指か木のスプーンで軽くこねる。こねすぎると仕上がりがかたくなるので、多少粉っぽさが残るくらいでやめる。
3. 生地を直径20㎝弱に丸くまとめてベーキングシートを敷いた天板に置き、火の通りをよくするため、生地に浅く十字の切れ目を入れる。
4. 190度のオーブンで40〜50分焼く。きつね色になり、竹串を中央に刺して何もついてこなくなったらできあがり。
5. 溶かしバター（分量外）をさっと塗っておくと皮がやわらかくなる。

酸っぱい果物を食べるとき 🧴

　強烈に酸っぱい夏ミカンなどの果物には重曹を少しふりかけてみましょう。酸っぱさのもとになっているクエン酸を重曹が中和するので酸味が減り、その分、甘味がよく感じられるようになります。

西村しのぶの百科流生活 浴室掃除編

　風呂場の床が樹脂製で、いつの間にか石鹸カスやら何やらで灰色に汚れてくるんです。最初は濃い過炭酸ナトリウム溶液にティッシュを浸しては床に貼りつけるという「過炭酸パック」をしていたんですが、ある日ふと「洗濯槽の掃除と同じ方法は?」と思い至りました。

1. 浴槽下にある下水道への排水口を、専用グッズできっちりふさぐ。
2. 浴槽の残り湯を40度程度に追いだきし、過炭酸ナトリウムを溶かす。
3. 浴槽の湯を排水。湯は下水には流れず浴室床にあふれる。
4. 床が湯で十分に浸ったら、浴槽に栓をして排水を止める。
5. 2時間くらいたったら、下水道への排水口をふさいでいたグッズを取りのぞき、湯を捨てる。
6. 過炭酸ナトリウムに浸っていたところをスポンジで軽く水洗いする。

　結果は大成功。浴槽、浴槽からの排水パイプ、浴槽の裏側、浴室床の4ヵ所が一気にきれい！　放置時間中の浴槽に、汚れのついた浴室アイテムを浸けこんでおけば、アイテム掃除もできてさらにらく！　浴室と脱衣所に段差がないバリアフリー仕様だとこの方法は使えませんが（お湯が脱衣所にあふれてしまいます）、そうでなければ、絶対におすすめです。

(聞き手：石鹸百科)

第3章

百科流
家事の化学

アルカリとは？ 酸とは？ pHとは？ 家事にまつわる基本的な化学知識をやさしく解説します。各種アルカリ剤の性質比較表、重曹洗濯や電解水について、「環境にやさしい」洗剤の現状や、化学物質を規制するPRTR法など、お役立ち情報も紹介します。

アルカリとは？

　水に溶けたとき、分解して水酸化物イオン（OH⁻）を出す化合物を塩基（えんき）と呼び、その中でも特に水に溶けやすいものをアルカリと呼びます。水酸化物イオンの「出やすさ」はアルカリの種類によってさまざまで、水酸化物イオンを多く出すものほどアルカリの性質が強い「強アルカリ（強塩基）」となります。酸とアルカリの強さを測る指標「pH」が14の水酸化ナトリウムや水酸化カリウムなどは強アルカリの代表格。一方、重曹は水に溶けたときに出す水酸化物イオンが少ないので「弱アルカリ（弱塩基）」となります。「アルカリ性」「塩基性」というのは、アルカリを溶かした「水溶液」の性質を表す言葉です。物質そのものを指すときには、「アルカリ」「塩基」という呼び方をします。

　　　　例：NaOH→Na⁺＋OH⁻
　　　　　　水酸化ナトリウム→ナトリウムイオン＋水酸化物イオン

アルカリの基本的な特徴

- 水に溶けると水酸化物イオンを出す。
- 水溶液のpH値は中性の7より上を示す。
- 酸を中和する。
- タンパク質を分解する。
- 水溶液は赤色リトマス試験紙*の色を青く変える。
- 水溶液にフェノールフタレイン溶液*を入れると、赤〜紫になる。
- 水溶液にBTB溶液*を入れると、青〜紫になる。
- 苦い味を感じることがある。

＊リトマス試験紙は、水溶液のpHを判定するための試験紙。フェノールフタレイン溶液とBTB溶液は、水溶液のpHを調べるための液体状の試薬。

注意
- 正体不明の物質を不用意にさわったり口に入れたりしないでください。

油汚れ、皮脂を落とす仕組み

　身近な油汚れである皮脂を例にとって説明しましょう。皮脂は、その約60%がトリグリセリド*¹と遊離脂肪酸*²という成分で占められています。その皮脂汚れをアルカリ性の洗浄液の中で洗うと、アルカリが遊離脂肪酸を鹸化します。鹸化とはアルカリによって油脂が石鹸とグリセリンになる反応のこと。つまり、汚れの一部が石鹸になるわけです。その石鹸は衣類から離れて水に溶け、今度はほかの皮脂汚れを落としにかかります。
　アルカリ剤が脂肪酸を石鹸に変える。その石鹸がアルカリ剤と協力してほかの汚れを落とす。このふたつの仕組みでアルカリ剤は油や皮脂汚れを落とすのです。

＊1　トリグリセリドは、中性脂肪の一種。3つ（tri-）の脂肪酸分子がアルコールの一種であるグリセリン1分子と結合してできる。動植物の組織に含まれる油脂の80%以上、皮脂の40%がこのトリグリセリド。
＊2　遊離脂肪酸とは、他の物質と結合しないで、単独で存在している（＝遊離状態にある）脂肪酸のこと。脂肪酸とは、グリセリンとともに脂肪を作っている物質で、天然の油脂、ロウなどに多く含まれる。

タンパク質汚れを落とす仕組み

　食品汚れや、血液、垢など、衣服につく汚れの約1/4を占めるのがタンパク質汚れです。タンパク質は、非常に多くのL-アミノ酸が結合してできた高分子化合物。アルカリはその結合を切ったり、分子同士の結合をゆるめたりすることができます。こうして構造を弱められたタンパク質汚れはもろくなり、繊維にしがみつく力も弱ってくるので少しの力で洗いながすことができるのです。

環境負荷の低さについて

　アルカリ剤は無機化合物です。無機化合物は環境中に放出されてもほぼそのままの形で自然界に存在することができます。一方、合成洗剤や石鹸などの有機化合物が環境の中で落ちつくためには生分解というひと手間がかかります。生分解というのは微生物が有機化合物を食べて分解し、無機化合物にすることです。洗剤類や食物など家庭排水に含まれる有機化合物は水中の微生物が分解しますが、汚れが多すぎると分解が追いつかなくなります。未分解の汚れは水底にたまってヘドロ化し、水を汚染します。

　排水が汚れていると、水中の酸素が減るという問題もあります。微生物が生分解活動をするときには酸素を消費するので汚れが多いほど水中の酸素の減りも激しくなるからです。特に合成洗剤は生分解されにくい成分、つまり微生物にとって消化の悪いものや消化できないものを含むことも多いので、分解に時間がかかるのです。

　無機化合物であるアルカリを日々の洗浄に取りいれることは、これらの問題を解決するための手段として大いに有効と言えるでしょう。

アルミには要注意

　アルミニウム製品にアルカリ性の液体を入れたまま加熱したり長時間放置したりすると、表面が白く粉を吹いたり黒く変色したりしてきます。この白い粉の正体は、アルミがアルカリと反応してできた水酸化アルミニウム。黒い色は、その水酸化アルミニウムが水中の鉄イオンや銅イオンとさらに反応して鍋の表面にくっついたものです。この一連の反応は、要するに「腐食」。そのまま腐食が進むと製品に穴があいてしまいます。また、食器洗い機専用洗剤もアルカリ剤の割合が多めなので、食器洗い機にはアルミ製品を入れないほうが安全でしょう。

　アルマイト加工をしたアルミ容器は、表面を薄い酸化膜がコートしているので腐食しにくくなっています。ですが、酸化膜が傷つくとアルミニウムが露出するのでそこから腐食が起きます。なお、水酸化アルミニウムは胃薬の成分でもあるので少量なら口に入ってもそれほど心配する必要はありません。

変わり者のアルカリ「アンモニア」

アンモニアの分子構造「NH_3」には、水酸化物イオンの元になる「OH」がありません。しかし、アンモニアは水に溶けるとその一部が水（H_2O）と反応し、水酸化物イオンOH^-を出します。そのためアンモニア水はアルカリ性を示し、アンモニアそのものもアルカリ（塩基）に分類されているのです。

主なアルカリ剤の性質比較表

一般名	重曹	セスキ炭酸ソーダ	炭酸ソーダ	過炭酸ナトリウム
アルカリの強さ（水溶液のpH）	ごく弱いアルカリ性（pH8.4）	弱いアルカリ性（pH9.6〜10）	アルカリ性（pH11.3）	アルカリ性（pH10〜11）
水への溶けやすさ	△	◎	○	○
油汚れ落ちやすさ	△	◎	◎	◎
洗濯	×	◎	◎	◎
鍋のコゲつき落とし	◎	○*	×	◎
研磨力	◎	×	×	×
消臭効果	◎	◎	◎	◎
入浴剤として	◎	◎	◎	×

＊セスキ炭酸ソーダは、炭酸ソーダと重曹が半々の割合で混ざったもの（2ページ参照）。水に溶かして煮たてると、重曹の部分が熱分解を起こして二酸化炭素が発生する。ただし、同じグラム数の重曹を使ったときより、二酸化炭素の発生量は少ない。

酸とは？

　水に溶けたとき、分解して水素イオン（H+）を出す化合物を酸と呼びます。水素イオンの出やすさは酸の種類によってさまざまで、水素イオンを多く出すものほど酸の性質が強い「強酸」となり、pHの値もゼロに近づいてゆきます。pH0の塩酸は、水素イオンをたくさん出す強酸の代表格。クエン酸や酢酸は水に溶けたときに出す水素イオンが少ないので「弱酸」となります。

　「酸性」というのは、酸を溶かした「水溶液」の性質を表す言葉です。物質そのものを指すときには、単に「酸」と呼びます。酸性の食品は酸っぱい味がすることが多く、柑橘類や酢、漬け物などはすべて酸性です。

　　　　例：HCl→H+＋Cl-
　　　　　　塩酸→水素イオン＋塩化物イオン

酸の基本的な特徴

- 水に溶けると水素イオンを出す。
- 水溶液のpH値は中性の7未満を示す。
- アルカリ（塩基）を中和する。
- 金属と反応する。
- 水溶液は青色リトマス試験紙を赤く変える。
- 水溶液にBTB溶液を入れると、黄〜赤になる。
- 酸っぱい味を感じることがある。

注意
- 正体不明の物質を不用意にさわったり口に入れたりしないでください。

アルカリとの中和反応について

　酸はアルカリと中和反応を起こします。中和反応とは、酸とアルカリが出会って塩と呼ばれる化合物と水（H_2O）ができる反応のことです。

　　　例：HCl＋NaOH → NaCl＋H_2O
　　　　　塩酸（酸）＋水酸化ナトリウム（アルカリ）
　　　　→塩化ナトリウム（塩）＋水

中和反応いろいろ

　酢のものの汁が残った小鉢を石鹸で洗うと、何かヌルヌルしたものができて石鹸の力が弱まります。石鹸シャンプーの後に酸のリンスをすると、髪の手ざわりがなめらかになります。これはどちらも酸とアルカリの中和反応によって引きおこされる現象です。

　石鹸は「脂肪酸」という油の成分とアルカリが結びついてできたもの。そこに酸を混ぜると、酸が石鹸の中のアルカリ分を中和するので、残った脂肪酸が表に現れるような形になります。酢のものの小鉢では、お酢に含まれる酢酸が石鹸を中和して脂肪酸に戻します。すると、石鹸分が減ってしまうので洗浄力は下がり、脂肪酸が食器に残るので手ざわりがヌルヌルするわけです。一方ヘアリンスでは、髪にわずかに残った石鹸カスをクエン酸が脂肪酸に変えます。髪のギシギシ感の原因のひとつである石鹸カスがなくなり、脂肪酸という自然のオイル分で髪がコートされるので手ざわりがなめらかになるのです。

かたい汚れを溶かす性質について

　酸は金属と反応する性質があります。あまり知られていないことですが、カルシウムも「アルカリ土類金属」という金属の一種なので酸と反応します。水垢や尿石も主成分がカルシウム化合物なので、酸で溶かして落とすことができるのです。

pHとは？

　ある物質が水に溶けたときに、どのくらいの酸性またはアルカリ性を示すかを表す指標のひとつです。昔はドイツ式に「ペーハー」と発音していましたが、現在では英語式に「ピーエッチ」と読むよう定められています。しかし、実生活では「ペーハー」もまだ多く用いられています。

pH値と水素イオン

　pHとは、水素イオン（濃度）指数（potential Hydrogen／power of Hydrogen）の略です。数値の基準になるのは水素イオン（H^+）。ある物質が一定量の水に溶けたとき、どのくらい多くの水素イオンを出すかによって値を決めます。水に溶けたときに水素イオンを出すのは酸の特徴なので、「どのくらい酸が強いか／弱いか」と考えるわけです。

　水溶液中の水素イオンの数は「$1 \sim 10^{-14} mol/\ell$」という非常に広い範囲で増減します。しかし、実際に計算したり実験したりするときにこのような大きな数値をいちいち扱うのは不便なので、水溶液中の水素イオン濃度が$1 \times 10^{-n} mol/\ell$のとき、nをこの溶液のpH値とすると決められました。

molとは？

　mol（モル）というのは、原子や分子、イオンなどの粒子が6.02×10^{23}個集まった単位のことです。鉛筆12本を1ダースと呼ぶようなものと考えるとよいでしょう。原子や分子の粒子はきわめて小さく、いちいち数えたり1個ずつ質量を測ったりするのは困難なので、このような単位ができました。

pHの数値

　pHの数値は0から14まで。酸性でもアルカリ性でもない中性を表すのはpH7で、7未満だと酸性、7より大きければアルカリ性です。数値が小さいほど水素イオン（H⁺）濃度が高いので酸性が強くなり、数値が大きくなるほど水素イオンが減って水酸化物イオン（OH⁻）が増え、アルカリ性が強くなります。

　pH値の元となる水素イオンの量は、10の-n乗という区切りで計ってゆくので、たとえばpH1の水溶液のpHを1程度上げるためには水で10倍くらいに薄める必要があります。pHが1違うということは、かなり大きな差であることがわかります。

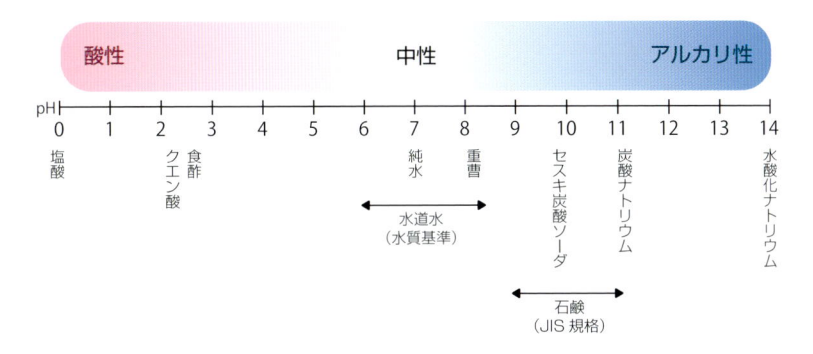

pH	0	1	2	3	4	5	6	7	8	9	10	11	12	13	14
	塩酸		食酢・クエン酸					純水	重曹	セスキ炭酸ソーダ	炭酸ナトリウム				水酸化ナトリウム

酸性　　　　　　　　　　中性　　　　　アルカリ性

水道水（水質基準）：pH 6〜8程度
石鹸（JIS規格）：pH 9〜11程度

家庭用品品質表示法におけるpH

　家庭用品品質表示法は、事業者が家庭用品の品質に関する表示をきちんと行うよう定めた法律です。品質に関する不適切な表示によって消費者が不利益を被らないようにするため定められました。この法律では、台所用・洗濯用・住居用の洗剤容器の「液性」欄に、次のようにpHを表示するよう決められています。

　　pH 3.0未満　……………………酸性
　　pH 3.0以上、6.0未満…………弱酸性
　　pH 6.0以上、8.0以下…………中性
　　pH 8.0を超えて、11.0以下 …弱アルカリ性
　　pH 11.0を超えるもの…………アルカリ性

「エコに洗う」の落とし穴

　ナチュラルクリーニングの主役として有名になった重曹。上手に使えば優秀な働きをしてくれますが、使い方をまちがえると残念な結果が待っています。そのほか、「環境にやさしい」合成洗剤についても少し考えてみましょう。

重曹は洗濯に向いていません

　重曹が洗浄に役立つことが知られるようになると、衣類を重曹だけで洗う、洗剤の量を減らしてその代わりに重曹を足すといった使い方が広まりはじめました。ですが、pHが低く（pH8.4）アルカリ性が弱い重曹は洗濯には向いていません。洗濯に適したpHは9.0〜10.5であり、洗濯用アルカリ剤として適当ではないというのが専門家の見解です。

＊奥山春彦・皆川基編著『洗剤・洗浄の事典』朝倉書店

重曹は水の硬度を下げません

　硬度とは、水中にどのくらいのカルシウムイオンやマグネシウムイオン（硬度成分）が含まれているかを表す指標です。これらのイオンはいわゆる「体によい」ものなのですが、洗濯の場面では厄介もの。なぜなら、これらの硬度成分は洗剤類の洗浄成分が汚れに取りつくより先に洗浄成分と結合してしまい、洗う力を失わせてしまうからです。この硬度成分を「重曹が封鎖して洗剤の効きをよくする」と説明している書籍もありますが、これはまちがいであることが確認されています＊。

＊阿部芳郎著『洗剤通論』近代編集社
　辻薦著『工業洗浄の技術』地人書館

重曹は洗剤類の洗浄力を上げません

　洗剤や石鹸の使用量を減らしてその分を重曹で補うという方法もよく紹介されますが、これも逆効果です。洗濯用粉石鹸のpHは10くらい。そこにpH8.4の重曹を混ぜると全体的なpHが下がって酸性に近づき、石鹸の洗浄力が落ちてしまいます。また、石鹸は水に対して一定以上の濃度を保たないと洗う力を発揮できません。むやみに減らすと汚れが落ちないばかりか、黄ばみや臭いなど、トラブルの元になります。

天然でも合成でも同じです

　「数少ない海外鉱山からの鉱石を精製した貴重な天然重曹。合成重曹より高価だが、その分よく効く」という宣伝をときどき見かけます。重曹の原料であるソーダ灰には天然由来のものと化学合成されたものがあるのは本当です。しかし、その違いは最終的な品質にはあまり関係ありません。出自がどうあれ、重曹は重曹。精製度の違いや使用目的などによって製品グレードはさまざまに違いますが、それは天然から掘りだしたものかどうかとはまったく別の話です。そもそも、天然ソーダ灰の鉱山は世界中に存在しているので、「天然」だからとありがたがる必要もありません。

「重曹電解水」という商品について

　重曹を利用した「エコ」商品に、「重曹電解水」というものがあります。これは、重曹を精製水に溶かした液を電気の力で分解して商品化したもの。重曹水を電気分解すると、pH11.3の炭酸ソーダとpH8.4の重曹を混ぜて溶かしたようなpH10.4くらいの水溶液ができます。それが、重曹生まれの安心エコ洗剤として、一般の小売店や通信販売、訪問販売などで販売されています。

重曹電解水のお値段

　本書で取りあげている炭酸ソーダは1kg約500円。掃除用なら水1ℓに5gも溶かせば十分なので、価格は1ℓにつき3円弱となります。一方、電解水の市価は1ℓにつき数百円〜1,000円くらい。さらに、電解水と一緒に売りこまれることが多い電解水生成機になると数十万円します。1ℓ3円弱で作れるものとほぼ同品質の商品やその生成機の価格として、これは妥当でしょうか。

重曹電解水はエコ？

　重曹電解水は電気分解によって作られますが、そのようなコスト高の方法をとらなくても重曹と水を鍋で煮たてれば同じようなものができます。重曹は熱すると分解して二酸化炭素を出し、pHの高い炭酸ソーダ水溶液になるからです。さらにいえば、炭酸ソーダやセスキ炭酸ソーダをそのまま水に溶かせば煮たてる手間もいりません。ほかに洗浄向きのアルカリ剤があるにもかかわらずわざわざpHが低い重曹を選び、その洗浄力を上げるために電気分解してpHを上げる。このようなエネルギーの無駄づかいをする商品はエコロジカルとはいえません。

重曹電解水の販売手法や誇大宣伝について

　重曹電解水は訪問販売で売られることも多く、その強引な売りこみ方が原因でトラブルに発展し、消費生活センターが介入するようなケースがしばしばあります。また、「マイナスイオン入り」というニセ科学用語を使ってアピールしたり、「野菜の農薬が抜ける」「アトピーが治る」など問題のある宣伝がなされたりしています。重曹電解水についてより詳しくは、情報サイト「ニセ科学と石けんの諸問題〜重曹の科学と重曹電解水について」(http://www.live-science.com/sci/)をご参照ください。

「環境にやさしい」洗剤の成分は？

　エコロジーに対する意識が高まるにつれ、「環境にやさしい」合成洗剤の種類も増えました。しゃれたネーミングにセンスのよい容器。一般的な洗剤よりも少々割高ですが、今の洗剤をその製品に替えるだけで環境にやさしくなれるという手軽さもあって、多くの人に受け入れられています。

　製品A：界面活性剤（17%、ラウリル硫酸ナトリウム、アルキルポリグリコシド）
　製品B：界面活性剤（22%、ラウリル硫酸ナトリウム、コカミドプロピルベタイン）

　上にあげたのは世界的に有名なナチュラル系台所用洗剤に配合されている洗浄成分です。これら3種類はすべて合成界面活性剤。特にラウリル硫酸ナトリウム（AS）は日本の大手メーカー製品にもよく使われるごく一般的な成分で、2009年10月には後述するPRTR法（化管法）の第1種指定化学物質に定められました。この法律で第一種に指定されたということは、その物質が環境に悪影響を与える恐れがあると公に認められたことを意味します。そのような成分入りでも、「エコ洗剤」を名のれるということを知っておきましょう。

海外と日本の水質の差

　海外メーカーの一部洗剤類には、カルシウムやマグネシウムなどの硬度成分を封じるために「水軟化剤」など生分解性のよくない成分が配合されていることがあります。水の硬度が極端に高い地域だと、硬度対策をしないと洗剤類がなかなか泡立たず、使いにくいからです。しかし日本の水道水のほとんどは洗剤や石鹸が使いやすい軟水であるため、そのような細工は必要ありません。どのような配合の洗剤が自分の住む地域に合っているのか、よく考えることもエコに洗うためには必要です。

PRTR法について

　PRTRというのは「Pollutant Release and Transfer Register（化学物質排出移動量届出制度）」の略。日本では「化学物質排出把握管理促進法」と呼ばれます。詳しい資料の請求方法は、95ページをご覧ください。

PRTR法とは？

　人や生態系に有害な恐れのある化学物質がどのくらい環境に排出されたか、廃棄物に混ざってどのくらいの量がどこからどこに移動したのかなどを記録・管理する法律です。日本では1999年に公布され、2001年に施行されました。事業所から排出される化学物質が主な対象ですが、家庭からの排出量も推計で公表されます。

「化審法」との違い

　従来の日本では、カネミ油症事件をきっかけとして1973年に制定された「化学物質の審査及び製造等の規制に関する法律（化審法）」によって規制を行っていました。これは「人の健康を損ねる恐れのある」化学物質を規制する法律です。PRTR法は人だけでなく生態系全体のことを考えたという点で、化審法より一歩進んだ法律といえます。

家庭から出てゆく「第一種指定化学物質」

　PRTR法が規制する第一種指定化学物質リストには9種類の合成界面活性剤が含まれています（次項参照）。2008年度のデータによると、全国で排出量が多かった第一種指定物質の第4位はポリオキシエチレンアルキルエーテル（AE）、第6位は直鎖アルキルベンゼンスルホン酸及びその塩（LAS）です。どちらも洗剤やシャンプーの主成分として広く使われていますが、実は水性生物への毒性がきわめて強いことが証明済みです。そのような成分はできるだけ環境に出さないよう気を配りたいものです。

「第1種指定化学物質」の合成界面活性剤（2011年〜）

政令名称	略語	表示別名称	用途
直鎖アルキルベンゼンスルホン酸およびその塩	LAS	ドデシルベンゼンスルホン酸塩	洗濯用、住居用、化粧品など
アルキルアミンオキシド	AO	アルキルジメチルアミンオキシド	洗濯用、台所用、住居用など
ポリオキシエチレンアルキルエーテル	AE	アルコールエトキシレート セテス㊗ 天然ヤシ油脂肪酸㊁ 高級アルコール系・非イオン㊁	洗濯用、台所用、住居用、シャンプーなど
ポリオキシエチレンオクチルフェニルエーテル	OPE		化粧品、農薬など
ポリオキシエチレンノニルフェニルエーテル	NPE		化粧品、農薬など
α-スルホ脂肪酸エステルナトリウム	MES α-SF		洗濯用、台所用など
ラウリル硫酸ナトリウム	AS SLS SD	アルキル硫酸エステルナトリウム	洗濯用、台所用、歯磨き粉、シャンプーなど
塩化アルキルトリメチルアンモニウム		アルキルトリモニュウムクロリド	柔軟剤、リンスなど
ポリ(オキシエチレン)＝ドデシルエーテル硫酸エステルナトリウム	AES	ポリオキシエチレンアルキルエーテル硫酸ナトリウム ポリオキシエチレンラウリルエーテル硫酸ナトリウム㊗ ラウレス硫酸ナトリウム㊗ パレス硫酸ナトリウム㊗ アルキルエーテル硫酸エステルナトリウム㊁ 高級アルコール系・陰イオン㊁	洗濯用、台所用、シャンプー、ボディソープなど

㊁家庭用品品質表示法により管轄される製品に適用される名称
㊗薬事法により管轄される製品に適用される名称

西村しのぶの百科流生活 キッチン編

　ステンレスの多層構造鍋を愛用中。この鍋は、コゲついても水から軽く煮たてればコゲが浮いてきます。金属の膨張と収縮ではがれやすくなるのかなと想像していますが……それでも、長い間使っていると少しずつ何かが焼けついてくるのか、鍋底が茶色くなってくるんですね。茶渋みたいに。調理に支障はないのですが、なんだか汚くて気に入らない。

　これもコゲつきの一種だろうと、重曹で煮て数時間放置してみましたが、意外に短気な私にとって「数時間放置」はなかなかつらいものがあり。仕上がりも今ひとつだったので、もう少し便利な方法はないものかと考えていました。（要は、横着。最小の手間で最大の効果を求めたいんです。）

　ふきんや食器をステンレスのボウルに入れて過炭酸ナトリウムで漂白すると、ボウルもすっきりする。タライで衣類を漂白すると、タライもきれいになる……「じゃあ、ナベのコゲ色も過炭酸ナトリウムでとれるかも？」。早速、変色した鍋に過炭酸ナトリウムを入れ、50度の湯を満たして冷めるまで放置。それだけで、スパーッときれいになりました。

　さあ、これでいつ鍋が茶色くなっても大丈夫！　なのですが……料理を始めてウン十年、そこまでの事態になることはめったにありません。いやもちろん鍋がコゲないのはいいことなんですが、必殺技を使う機会がなかなかやってこないのはちょっと残念ではあります（笑）。

（聞き手：石鹸百科）

巻末資料集

アルカリや酸に関するシーン別Q&Aや、各種アルカリ剤を誤飲したときの対処法、「中毒110番」など。インターネットのおすすめサイトや、百科流家事アイテムを購入できるネットショップ情報もご紹介します。

Q&A 洗濯と衣類の手入れ編

Q. アルカリ洗濯と石鹸洗濯、どのくらいの比率で行えばいいですか？

　石鹸洗濯1回に対しアルカリ洗濯を3～4回というローテーションを、まずはおすすめします。しばらく続けてみて、特にトラブルが起こらなければアルカリ洗濯の回数をもっと多くしても差しつかえありません。逆に、汚れが気になるようなら石鹸洗濯の比率を上げましょう。一部分だけが油や泥でひどく汚れているなら、アルカリ洗濯の前に石鹸で予洗いするとすっきりします。シミ汚れは洗濯のあとで漂白しましょう。

Q. 過炭酸ナトリウム入りの排水は自然の中で殺菌したり漂白したりしませんか？

　酸素系漂白剤の漂白成分である過酸化水素は、汚れのような有機物と反応するとすぐに分解し、水と酸素になります。そのため、排水中に殺菌漂白作用はほとんど残っていません。そもそも、漂白剤のようにほかのものとすぐに反応する性質をもつ物質はそれだけ分解も早いので、環境にそのまま流れ出て蓄積されるということは考えにくいのです。ただ、どんなに「安全な」物質も使いすぎれば環境に悪影響を与えることがあります。必要量を無駄なく使うよう心がけましょう。

Q. 過酸化水素は体を老化させる活性酸素の一種。洗濯に使って大丈夫ですか？

　過炭酸ナトリウムが水に溶けて分解すると、活性酸素の一種である過酸化水素（H_2O_2）が出ます。この過酸化水素がシミ汚れの分子構造を破壊することで漂白ができるのですが、いったん何かと反応した過酸化水素は酸素（O_2）と水（H_2O）になり、その時点で活性酸素ではなくなります。よって、過炭酸ナトリウムから発生する過酸化水素が人体に影響する恐れはまずありません。

Q. 布ナプキンをアルカリ剤入りの水に浸けおくとよいのはなぜ？

アルカリの水溶液に浸けおくことで、血液汚れが格段に落ちやすくなるからです。血液にはタンパク質が多く含まれますが、アルカリはタンパク質の分子のつながりをゆるめたり切ったりできます。そのため、すぐに洗うよりも楽に汚れが落とせるようになるのです。

Q. 布ナプキンの浸けおき水を庭にまいてよいですか？

アルカリ剤入りの浸けおき水は庭にまかないでください。アルカリ剤に含まれるナトリウム分が植物や土中の微生物に悪影響を及ぼします。水道水だけ、または精油を少量たらしただけの水で浸けおきしたのなら、庭にまいても差しつかえありません。ただし、植物の根元や葉や花に直接かけたり、土の量が限られているプランターに注いだりするのはやめましょう。浸けおき水に含まれる有機物や、それらが土中で分解するときにできる物質が植物を傷めることがあります。

Q. アルカリ剤でガンコな油汚れや泥汚れが落ちないのはなぜですか？

アルカリ剤は油を鹸化したり、タンパク質の構造をゆるめて汚れを取り去りやすくしたりはできます。しかし、油と水を本格的になじませるような強い界面活性作用はもっていないので、汚れの程度がひどいとすべての汚れを水の中に引きだすことはできません。そのため、ガンコな汚れには石鹸を使うことをおすすめしています。

泥汚れはどのような洗浄剤を使ったとしても、もむ、こするといった物理的な力を加えないとうまく落ちません。また、泥には染料のような働きをする物質が含まれることもあります。染めたようになった汚れはアルカリ剤ではもちろん、石鹸でもなかなか落ちないものです。

Q. 洗濯槽の黒カビを生えにくくするにはどうすればよいですか？

まず、石鹸や洗剤は適正量をよく溶かして使います。使用量が多すぎる、少なすぎる、よく溶かさなかったなどが原因で洗濯槽に残った石鹸カスや溶け残りはカビのエサになります。水温を上げる、洗濯前の溶かしこみを十分に行うなど、工夫しましょう。

次に、洗濯槽をよく乾燥させること。洗濯が終わったら洗濯物はすぐに干し、洗濯槽の水気を拭きとってフタを開けたままにしておきます。定期的に乾燥機能を使うのも効果があります。洗濯槽を洗濯かご代わりにするのはやめましょう。槽内に衣類の湿気がこもってしまいます。

洗濯槽掃除を定期的に行うのも大切。2〜3ヵ月に1度を目安に掃除してください。また、アルカリ洗濯を取り入れるのも大いに効果的です。アルカリ剤は無機化合物なのでカビの栄養源になりません。定期的にアルカリで洗うことで、洗濯槽に残った石鹸・洗剤の溶け残りや石鹸カスを洗い流す効果も期待できます。

Q. 洗濯物に小さくて黒いシミのような斑点がつきます。

それは黒カビです。タオルや雑巾、布おむつ、幼児用食事エプロンなど、汚れて湿った状態が長く続くアイテムによく見られます。黒カビ汚れは煮洗いや漂白でもすっきりとは落ちないので予防するしかありません。

汚れものは、洗濯するまでできるだけ広げて湿気を飛ばします。布おむつは固形物をトイレで流したあとにざっと水洗いし、セスキ炭酸ソーダか炭酸ソーダを溶かした液に浸けておきます。幼児用食事エプロンやよだれかけも同じように浸けおきするとよいでしょう。

洗濯で十分に汚れが落ちていないと、干している間にもカビが生えやすくなります。洗剤や石鹸をよく溶かし、ある程度の水温を保ってしっかり洗うことが大事です。

Q. 石鹸に重曹を混ぜて洗濯するとよいと聞きましたが？

重曹を洗濯に使うのはおすすめできません。重曹はアルカリ助剤としての能力は高くなく、石鹸よりもpHが低いため、洗浄液全体のpHを下げて石鹸の洗浄力を削いでしまいます（76ページ参照）。

Q. 衣類がだんだんピンク色になってゆくのですが？

それは酵母の色です。衣類に残った水分と汚れをエサにして空気中の酵母が繁殖してピンク色を呈するようになります。酵母自体は特に害はありませんが、酵母が生えやすい状態で洗濯ものが長時間放置されることはよくありません。黒カビ予防と同じように、できるだけ乾燥させたり、アルカリの水溶液に浸けおいたりするとよいでしょう。

洗濯できちんと汚れが落ちていないと、干している間にもそれをエサにして酵母が繁殖します。洗濯の水温を上げる、石鹸をよく溶かしこむなど洗浄力を上げる工夫をしましょう。なお、酵母のピンク色は石鹸で煮洗いすると落とせます。

煮洗いの方法
1. 十分な大きさの鍋に水を入れ、粉石鹸を入れて溶かす。石鹸は水1ℓに小さじ2程度。アルミ鍋はアルカリに弱いので使わないこと。
2. 鍋に煮洗いするものを入れ、吹きこぼさないように弱火で20〜30分煮る。沸騰したら火を止めて、冷めるまで放置するだけでも効果がある。
3. 全体が冷めたら、もみ洗いをして汚れを落とし、よくすすぐ。

Q. アルカリ剤の水溶液をさわると手がヌルヌルします。

アルカリ性の物質はタンパク質を溶かす働きがあります。そのため、さわった手の表面がわずかに溶けてヌルッとした感触が生まれるのです。重曹泉などアルカリ性の温泉につかると肌がツルツルした感触になるのも、濃いアルカリの水溶液を長い間さわると手が荒れるのもこのためです。

Q&A 掃除・キッチン編

Q. アルカリ剤で掃除したら、必ず酸で中和しなくてはいけませんか？

　そこまで気をつかう必要はありません。アルカリ剤で洗ったあとに水ですすいだり、アルカリ剤で拭いたらきれいな水で絞った布で仕上げ拭きをしたりすれば十分です。

Q. お風呂のカビを予防するよい方法は？

　カビが生えるのに必要な条件は、栄養源、適温、水分の3つです。これらのうちどれかが欠けるとカビは生えにくくなります。
　石鹸やシャンプー、石鹸カス、垢、食品系の入浴剤（オイル、ミルクなど）などはカビの栄養源になります。入浴の最後に熱めのシャワーでそれらを床や壁から洗い流しましょう。そのあと浴室全体に水シャワーをかけて冷やし、カビの生えにくい温度まで下げておきます。
　水分をなくすのも効果的。窓ふき用のスキージーなどで、壁や天井についた水滴をできるだけ落とします。スキージーが使いにくい壁や床は、雑巾やタオルで拭いておきます。浴室内に湿気がこもらないよう換気を心がけ、梅雨時などは換気扇を回しっぱなしにするなどしましょう。

Q. 皿の油汚れを石鹸で洗うと、べとべとしたものができます。

　それは、石鹸分と油の成分が中途半端に反応してできた石鹸カスです。正確な名称は「酸性石鹸」といい、汚れに対して石鹸の量が足りないときによくできます。キッチン用石鹸の多くは、アルカリ助剤が入っていないため酸性に傾きやすく、このような反応が起こりがち。油汚れをアルカリ剤で下処理する、アルカリ助剤入りの石鹸を使うなどすると、酸性石鹸はできにくくなります。

Q.「アルカリ剤」と「アルカリ助剤」の違いは何ですか？

　アルカリ助剤とは、アルカリ剤が「助剤」として使われたときの呼び名です。助剤とは、石鹸や合成洗剤に配合される成分のひとつ。それ自体に強い洗浄力はありませんが、混ぜることによって石鹸や合成洗剤の洗浄力を大きく上げることができる配合成分のことです。アルカリ助剤は洗浄液が酸性に傾くのを防ぎ、アルカリ性の石鹸や洗剤の洗浄力をサポートします。粉状の石鹸や合成洗剤には炭酸ソーダが、固形石鹸にはケイ酸塩がよく用いられます。

Q. 重曹に液体石鹸と酢を混ぜて作る「重曹クリーム」の洗浄力は?

　アルカリ性の洗浄剤に酸を混ぜるのはおすすめできません。石鹸に酢のような酸を混ぜると、中和反応によって原料の脂肪酸に逆戻りします。重曹も酸で中和され、重曹でないものになります。いずれの場合も洗浄力は下がるので、別々に使うほうが効率的です。クリームクレンザーのように使いたい場合は、液体石鹸と重曹だけを混ぜましょう。石鹸のpHが重曹によって下がるので、石鹸だけのときより洗浄力は落ちますが、研磨効果がプラスされるため、用途によっては便利なこともあります。

Q. 食器洗い機に過炭酸ナトリウムを入れてタイマー予約できますか?

　一部の機種では、タイマー予約をすると、設定時刻がくるまで間欠的に洗い機能が働きます。その場合は過炭酸ナトリウムが水に溶けたまま放置されるので、わずかずつ過酸化水素が抜けて殺菌漂白作用が弱まります。ただ、冷水に溶けて2〜3時間程度なら過酸化水素がすべて抜けることはありません。また、過酸化水素が抜けたあとに残る炭酸ソーダは時間が経っても洗浄力は弱まりません。ただし、汚れの種類や水温によっては洗い上がりに差が出るかもしれません。タイマーを使って汚れ落ちが悪くなったと感じたら、タイマーを使わないほうがよいでしょう。

誤飲時の対処法その1
重曹・炭酸ソーダ・セスキ炭酸ソーダ・石鹸

　誤飲とは、食べもの以外のものを飲みこんでしまうことです。誤飲が疑われたら、まず意識や呼吸状態を確かめ、必要なら気道の確保や心肺蘇生を行います。次に、本人の嘔吐の様子や吐物の臭い、飲み残しや容器などから飲んだものを特定します。命にかかわるような毒性の強いものを飲んだ、何を飲んだかまったくわからない、下痢や嘔吐などの症状がすでにでている、などの場合はすぐに病院へ行くか、119番通報をします。病院で受診するときには、誤飲したと思われるものの容器や飲み残し、吐物などを持参して医師に見せるようにします。

誤飲の可能性

　石鹸やアルカリ剤には苦味や舌を刺すような刺激があるので、誤って口に入れても大量に飲みこむことはまれです。毒性も低いので、誤飲したとしても重大な状況をまねく恐れは低いでしょう。ただ、場合によっては大量に飲みこむことがあり、また飲みこんだ本人の状態によっては少量でも医師による処置が必要なケースがあります。

少量を飲みこんだとき

　それほど心配ありません。重曹や炭酸ソーダ、石鹸のアルカリ性は胃酸によって中和されます。セスキ炭酸ソーダも重曹と炭酸ソーダの混合物なので、いずれも中毒の恐れは低いとされます。ひと口飲んだ程度なら水で口をすすぎ、念のため生卵かコップ1杯の牛乳を飲ませます。卵も牛乳もないときは、水を飲ませます。その後しばらく様子を見て、1時間以内に嘔吐が見られなければ、中毒の可能性は低いと思われます。ただし、嘔吐や下痢などの症状がでる、本人の様子がいつもと明らかに違うなどの場合は、飲んだ量が少なくてもすぐに医療機関を受診します。

大量に飲みこんだとき

　判断力が著しく低下している人や幼い子ども、ペットなどは誤って大量に飲みこむ可能性があります。大量に飲みこむと、口の中や喉の痛み、下痢、腹痛、嘔吐が起こることがあります。誤飲したときはまず水で口をすすぎ、食道や胃粘膜を保護するために、生卵かコップ1～2杯の牛乳を飲ませます。どちらもないときは水を飲ませます。無理に吐かせるのはやめましょう。吐物や泡が気管に入って肺炎を起こすことがあります。横にして休ませるときは、吐物が気道をふさがないよう、体の左側を下にして寝かせます（回復体位）。1時間以内に嘔吐や下痢などの症状が出たり、本人の様子がいつもと違ったりする場合はすぐに医療機関を受診します。

少量でも危険なケース

　高齢者やものを飲みこむ力が弱っている人は誤嚥に気をつける必要があります。誤嚥とは、食道を通るべきものが誤って気管に入りこむことです。通常の体力がある人ならむせたり咳きこんだりして異物を吐きだすことができますが、加齢や持病のため体の機能が弱っている人はこれができず誤嚥を起こしやすくなっています。すると、異物が気管を通じて肺に入り、炎症をひき起こす可能性があります。

誤飲事故を起こさないために

　アルカリ剤や石鹸を食べものの空容器に移しかえたり、食器や食品と同じ場所に置いたりするのはやめましょう。食品と紛らわしく、誤飲事故を誘発する恐れがあります。どうしても食品容器を再利用する必要があるときは、「重曹」「炭酸ソーダ」などと大きく書いたラベルを貼ってまちがいにくいようにしましょう。保管場所には、小さな子どもやペット、判断力が低下している状態の人が手に取れないようなところを選びます。

＊参考文献「完全図解 高齢者介護急変時対応マニュアル」講談社

誤飲時の対処法その2
過炭酸ナトリウム

　過炭酸ナトリウム（酸素系漂白剤）には毒性があります。大量に飲みこむと皮膚や粘膜を刺激し、口の中やのどの痛み、吐き気、嘔吐、胃の不快感などが現れます。症状が激しい場合には、虚脱状態、チアノーゼ、呼吸困難、こん睡状態となる可能性もあります。また、少量の誤飲でも本人の健康状態や事故の状況によっては危険な場合があります。

少量を飲みこんだとき

　過炭酸ナトリウムの粉末をほんの少しなめたり、薄めた液をひと口程度飲んだりした場合は、すぐに水で口をすすぎ、念のため生卵かコップ1杯の牛乳を飲ませて様子をみます。どちらも手元にないときは水を飲ませます。下痢や嘔吐などの症状が出る、あるいは激しい症状が出なくても本人の様子が明らかにいつもと違うときは医療機関を受診しましょう。高齢者やものを飲みこむ力が弱っている人は誤嚥の可能性もあるので気をつけてください（91ページ参照）。

大量に飲みこんだとき

　薄い液でも大量に飲みこんだ、あるいは粉末や濃い液をまとまった量で口にしたときは迅速な処置が必要です。誤飲がわかったら、食道や胃粘膜を保護するためにすぐに生卵かコップ1～2杯の牛乳を飲ませます。どちらもないときは水をコップ1～2杯飲ませましょう。その後、すみやかに医療機関を受診します。

無理に吐かせない

　悪いものを飲みこんだら「吐かせなければ」と思いがちですが、過炭酸ナトリウムを誤飲した人を無理に吐かせてはいけません。過炭酸ナトリウムを飲みこむときに損傷を受けた口や食道の粘膜が、胃から逆流してきた刺激性の吐物によってさらに傷つく恐れがあります。また、誤嚥によって吐物が気管から肺に入り、炎症を引き起こす可能性もあります。

中和しない

　過炭酸ナトリウムのアルカリ性を胃の中で中和しようとして、酢やフルーツジュースを飲ませるのはやめましょう。中和熱が発生して胃や食道組織の損傷をひどくする恐れがあります。

「中毒110番」

　一般市民専用の電話相談です。たばこや家庭用品などの化学物質、医薬品、動植物の毒などが原因で実際に急性中毒を起こしているケースにかぎって、応急手当のしかたや、病院に行くべきかどうかなどのアドバイスが受けられます。通話料はかかりますが、相談料金は不要です。

```
大阪中毒110番      072-727-2499（年中無休24時間対応）
つくば中毒110番    029-852-9999（年中無休9時〜21時）
```

注意
- 実際に中毒事故が発生している、緊急性の高いケースを対象とした電話相談です。
- 事故が起きていないときには電話をかけないでください。対象外の電話で回線がふさがると、本当にこの電話相談を必要とするケースへの対応ができない恐れがあります。

ネットショップや情報サイト

　本書でご紹介した家事アイテムが買えるネットショップや、そのほかのお役立ちサイトのご紹介。＊は石鹸百科の関連サイトです。

百科流家事アイテムが買えるネットショップ

amazon.co.jp
http://www.amazon.co.jp/
米国ワシントン州シアトル市を本拠地とする世界規模のネットショップ。書籍やCD、日用雑貨から食品まで、幅広い品揃えが特徴です。

石けん百貨＊
http://www.live-science.co.jp/
石鹸や化粧品、精油などの日用品、布ナプキンや雑貨などを取り扱うネットショップ。利便性と環境への配慮を両立させるため、独自の取り扱い基準を設けています。

情報サイト

石鹸百科＊
http://www.live-science.com/
石鹸やアルカリ、酸についての情報サイト。化学的な基礎知識やシーン別の具体的な使い方など、「洗う」ことに関する幅広い情報が掲載されています。

せっけん楽会＊
http://bbs.live-science.com/
石鹸百科の姉妹サイト。家事やオシャレなどの気軽な話題から科学的な議論まで、幅広い情報交換ができます。ユーザー登録すれば誰でも参加できます。

読んで美に効く基礎知識＊
http://cosme-science.jp/
お肌や髪の手入れ、化粧品に関する知識を身につけられるサイト。専門的な話題をやさしく解説する「基礎知識」と、会話形式で楽しく読めるコラムの2本立て。

ニセ科学と石けんの諸問題＊
http://www.live-science.com/sci/
「環境にやさしいよ！ 体にもいいよ！」…それ、本当ですか？ 石鹸の周囲にときおり現れるおかしな物事について、いろいろと考えてみるサイトです。

石けん学のすすめ
http://plaza.harmonix.ne.jp/~krand/
人類が生みだした偉大なる遺産としての石鹸。その成り立ちや製造法など、石鹸についてのすべてが記されているサイトです。電子書籍の販売もあります。

誤飲誤用の応急処置
http://jsda.org/w/3goingoyou/list.html
日本石鹸洗剤工業会のネットサイト。石鹸、洗剤、洗浄剤、仕上げ剤などを誤飲したり誤った使い方をしたりしたときの対処法を教えてくれます。

PRTRインフォメーション広場（環境省）
http://www.env.go.jp/chemi/prtr/risk0.html
化学物質の排出と移動を規制・監視するPRTR法についてのサイト。PRTRについての解説や、各種データなどを見ることができます。

PRTRデータを読み解くための市民ガイドブック（環境省）
http://www.env.go.jp/chemi/prtr/archive/guidebook.html
PRTR法について理解を深めるためのガイド。パソコンで見ることができますが、無料の冊子もあります。ご希望の方は封書でお申し込みください。「PRTR市民ガイドブック○部希望」と明記し、郵便番号と住所氏名を書いた8cm×10cm程度の紙（返信封筒貼付用）と、郵送料金分の切手を同封してください。郵送料金は1部290円、2部340円、3〜5部450円、6〜8部590円。9部以上は直接お問い合わせください。

〒100-8975　東京都千代田区霞が関1-2-2
環境省環境保健部環境安全課 PRTR市民ガイドブック担当
電話 03-3581-3351(内線6358)　e-mail:ehs@env.go.jp

あとがき

　石鹸ユーザーを応援する情報サイト「石鹸百科」が誕生して10年が過ぎました。石鹸は生分解性が高く、適切に使えば抜群の洗浄力を発揮する優れたアイテムです。しかし、もちろん欠点もあります。たとえば、1回あたりの使用量が多く、慣れるまでは失敗も目立ちます。水質の関係で使いにくい地域もあります。そもそも、現代の生活では石鹸でないと落とせない激しい汚れものはそれほど多くありません。ほどほどの洗浄力をもち、使いやすく、しかも環境に負荷をかけにくい洗浄剤はないだろうか……そう考えていたとき、「石鹸百科」はアルカリと出会いました。

　油脂を乳化し、タンパク質を分解できる。無機化合物なので環境への負荷も少ない。このようなアルカリの性質は現代の洗濯事情にぴったりだと確信し、「石鹸百科」に掲載。ネットショップ「石けん百貨」でも販売をスタートしました。初めのうちは反応も薄く、お客様からいただくコメントも「この白い粉、何ですか？」というものがほとんど。それでも徐々に実践される方が増え、掲示板「石けん楽会（現:せっけん楽会）」にもいろいろな使い方が紹介されるようになりました。そしてアルカリの情報が増えるにつれ、アルカリと性質が反対の酸の活用法も増えていったのです。その意味で、本書のタイトルは『アルカリと酸のユーザーみんなで洗う本』とするのが正しいのかもしれません。洗浄剤としてのアルカリと酸をここまで育ててくださった皆様に、心からお礼申し上げます。本書の内容が皆様の快適生活の一助になることを、そして本書を足がかりに、アルカリと酸の新たな三つ星レシピがたくさん生まれることを願ってやみません。

　本書の企画出版にあたっては、有限会社せせらぎ出版の山崎亮一様、合同会社メディアアイランドの千葉潮様、米谷千恵様に多大なご尽力をいただきました。また、ブックデザイナーの仁井谷伴子様、組版を担当いただいた中務慈子様、イラストとコラムをお寄せくださった漫画家の西村しのぶ様、化学の質問にお答えいただいた昭栄薬品株式会社の成尾正和様やグローバルコスメワークス株式会社の金子久美様にも大変お世話になりました。この場を借りまして、皆様に深い感謝の意を捧げます。

50音順索引

あ

アーネスト・ソルベー▶4,15
青い汚れ▶14,42
灰汁▶27
悪臭防止法▶14
アク抜き▶8 ,59,64
アクリルたわし▶20
麻▶25
アマゾン▶94
アミノ酸▶69
洗う風俗史▶27
アルカリ▶68,70,72,73
アルカリ剤▶2,4,8,24,89
アルカリ助剤▶5,19,33,89
アルカリスプレー▶30,37,44,54,62
アルカリ性▶15,58,61,68,75
アルカリ洗濯▶24,25,26,28
アルカリ土類金属▶73
アルキルアミンオキシド▶81
アルキルエーテル硫酸エステルナトリウム▶81
アルキルジメチルアミンオキシド▶81
アルキルトリモニュウムクロリド▶81
アルキルポリグリコシド▶79
アルキル硫酸エステルナトリウム▶81
アルコール▶12,13,16,17,48
アルコールエトキシレート▶81
アルマイト加工▶70
アルミニウム▶36,51,70
アルミ箔▶52
アンモニア▶14,15,43,71
アンモニア臭▶10,12,43,47,59,63
アンモニア水▶14,15,33,42

アンモニアソーダ法▶4,15
イヌ▶59
引火性▶12,17,54
インフルエンザウイルス▶16,62
ウェス▶20
ウォッカ▶17
ウール▶25,31
液性▶75
エタノール▶16,17,48,49,55,63
エタノール水▶17,40,46,54
エチルアルコール▶16
エチレン▶16
エッセンシャルオイル▶18
襟袖汚れ▶21,30
塩▶73
塩化アルキルトリメチルアンモニウム▶81
塩化ナトリウム▶73
塩基▶68,71
塩基性▶68
塩酸▶72,73
塩素系漂白剤▶6
嘔吐▶90,91,92
大阪中毒110番▶93
大物洗い▶31
温泉▶58

か

カーテン▶31
回復体位▶91
界面活性▶24,85
化学肥料▶14,15
化学物質排出把握管理促進法▶80
化学物質の審査及び製造等の規制に関する法律
　▶80

化学物質排出移動量届出制度▶80
化管法▶79
過酸化水素▶6,7,28,33,51,84
化審法▶80
苛性ソーダ▶15
過炭酸ナトリウム▶6,33,38,71,84,89,92
過炭酸ソーダ▶6
活性酸素▶6,84
家庭用品品質表示法▶75,81
カネミ油症事件▶80
カバリング▶31
カビ▶40,46,55,88
カルシウム▶11,12,13,35,36,73
カルシウムイオン▶10,24,43,76
皮(革)▶17,47
換気扇▶48,54
環境省▶95
かん水▶5,59
危険物▶12
気つけ薬▶12,14
絹▶25,31
揮発(性)▶10,12,13,15,16,17
黄ばみ▶10,12,32,43
牛乳▶90,91,92
強アルカリ▶68
強塩基▶68
凝固剤▶5,8,59
強酸▶72
虚脱状態▶92
キレート作用▶10
金属▶6,7,11,13,29,36,39,53,72,73
クイックブレッド▶65
クエン酸▶9,10,34,35,37
クエン酸カルシウム▶11
草木染め▶7,25,29

靴▶45
グリシニン▶64
グリセリン▶61,69
車▶47
黒カビ▶38,86
蛍光灯▶47
ケイ酸塩▶19,89
劇物▶14
血液▶2,4,32,33,62,69
結晶汚れ▶10,35,38
下痢▶90,91,92
鹸化▶69
誤飲▶90,91,92
誤飲・誤用の応急処置▶95
高級アルコール系・陰イオン▶81
高級アルコール系・非イオン▶81
工業洗浄の技術▶76
合成界面活性剤▶79,80,81
合成重曹▶77
合成繊維▶14,25
合成洗剤▶5,27,29,70,79
硬度▶24,26,28,76,79
酵母▶87
高齢者介護急変時対応マニュアル▶91
誤嚥▶91,92,93
コカミドプロピルベタイン▶79
呼吸困難▶92
コゲつき▶6,8,51,55
粉ボトル▶18
コンクリート▶36
コンロ▶54
こん睡▶92

さ

再汚染▶25
酢酸▶12,13,37
酢酸カルシウム▶13
酢酸臭▶11,12,36
殺菌▶6,7,12,16,49,53,55,58,84
サルモネラ菌▶16
酸▶10,30,34,40,61,68,72,73
酸スプレー▶37,59
（酸）パック▶39,43
酸性▶12,58 ,72,75
酸性石鹸▶35,88
酸素系漂白剤▶6,92
シェーカー▶18
脂肪酸▶40,56,69,73,89
弱アルカリ▶68
弱塩基▶68
弱酸▶72
重曹▶2,8,15,31,54,58,59 ,68,71,90
重曹クリーム▶89
重曹洗濯▶76,87
重曹電解水▶77,78
重炭酸ソーダ▶8
酒精▶16
消毒用エタノール▶16,46,49,62
消防法▶12
助剤▶89
食器洗い機▶6,53,70,89
じょうご▶19
食品添加物▶9,10,60
寝具▶31
親水基▶16
親油基▶16
酢▶12,13,45,47,73

水酸化アルミニウム▶70
水酸化アンモニウム▶14
水酸化カリウム▶68
水酸化物イオン▶68,71,75
水酸化ナトリウム▶15,68,73
水素▶14
水素イオン▶72,74,75
水素（濃度）指数▶74
ステンレス▶7,35,39
水軟化剤▶79
スクレーパー▶20
スチロール▶17
スプレーボトル▶18
スポンジ▶20
生分解▶70,79
精油▶18,32,36,62
セスキ炭酸ソーダ▶2,26,31,37,71,90
セスキ炭酸ナトリウム▶2
石鹸▶5,19,49,69,90
石鹸カス▶40,88
石鹸シャンプー▶10,12,58,61
石鹸洗濯▶10,12,34,84
せっけん楽会▶94
石けん学のすすめ▶95
石けん百貨▶94
石鹸百科▶94
セテス▶81
洗剤通論▶76
洗濯板▶21
洗濯槽クリーナー▶35
洗濯槽掃除▶6,29,38
洗濯ソーダ▶4
洗濯ブラシ▶21
ゼンマイ▶64
ソーダ灰▶4,77

疎水基▶16
ソルベー法▶15

た

第1種指定化学物質▶79,80,81
大理石▶11,13,36
たたき洗い▶21
煙草のヤニ▶47,52
玉川温泉▶58
卵▶90,91,92
たわし▶19
炭酸塩▶5,19,31,33
炭酸カルシウム▶11,13,35,38,53,57
炭酸水素ナトリウム▶8
炭酸ソーダ
　▶2,4,6,7,9,15,26,33,37,71,78,89,90
炭酸ナトリウム▶4
タンパク質▶2,4,24,36,48,49,58,62,64,68,69
チアノーゼ▶92
窒素▶14
茶渋▶8,20,52,53
中性▶68,72,75
中毒110番▶93
中和熱▶93
中和(反応)▶10,12,34,40,58,61,65,68,73,88,89
潮解性▶11
直鎖アルキルベンゼンスルホン酸およびその塩
　▶80,81
つくば中毒110番▶93
浸けおき(洗い)▶25,26,28
手垢▶2,4,44
手洗い▶49
電球▶47

天然重曹▶77
天然染料▶25
天然ヤシ油脂肪酸▶81
特定悪臭物質▶14
銅石鹸▶14,42
毒性▶90,92
毒物及び劇物取締法▶14
ドデシルベンゼンスルホン酸塩▶81
ドラム式洗濯機▶27,29
トリグリセリド▶69
トロナ鉱石▶2,4
泥汚れ▶2,4,6,8,24,26,28,85

な

ナトリウム▶59,85
ナトロン▶5
軟水▶79
煮洗い▶87
臭い▶8,43,45,47,50,56,59,63
二酸化炭素▶8,9,11,13,51,65,71,78
二次石鹸▶56
ニス▶17
ニセ科学と石けんの諸問題▶78,95
乳化▶2,24,36,58
入浴剤▶3,8,60
尿石▶43,73
尿素▶43
ぬいぐるみ▶31
布オムツ▶31
布ナプキン▶32,62,85
ネコ▶59,63
粘膜▶91,92,93
ノロウイルス▶17,62

は

ハーバー・ボッシュ法▶14,15
吐き気▶92
バスボム▶60
ハッカ▶60,61
排水口(掃除)▶6,39,56
ハミガキ▶8,61,81
パレス硫酸ナトリウム▶81
ピーエッチ▶74
ビーカー▶19
皮脂▶2,4,58,69
美人の湯▶58
ビスコース▶25
氷酢酸▶12,13
漂白▶6,7,32,84
ピンク色の汚れ▶87
フェノールフタレイン▶68
拭き洗い▶31
フキノトウ▶64
ふきん▶49,53
複塩▶2
腹痛▶91
腐食性▶12
ブラシ▶19
フローラルウォーター▶63
風呂釜洗浄▶41
ベーキングソーダ▶9
ベーキングパウダー▶9
ペーハー▶74
ペット▶59,63
ホース▶40
膨張剤▶8,59
ポリオキシエチレンアルキルエーテル▶80,81
ポリオキシエチレンアルキルエーテル硫酸ナトリウム▶80,81
ポリオキシエチレンオクチルフェニルエーテル▶81
ポリ(オキシエチレン)
　＝ドデシルエーテル硫酸エステルナトリウム▶81
ポリオキシエチレンノニルフェニルエーテル▶81
ポリオキシエチレンラウリルエーテル硫酸ナトリウム
　▶81
ぼろ布▶20
ホワイトビネガー▶13,37
ホワイトリカー▶17

ま

マイナスイオン▶78
マグネシウムイオン▶24 ,76
摩擦洗い▶21
まな板▶49,53
水垢▶10,11,12,13,36,39,43,53,73
水洗いできない衣類▶14,33
無機化合物▶70
無水エタノール▶16,46
綿▶20,25
モル▶74

や

薬事法▶81
有機化合物▶70
遊離脂肪酸▶69
油(脂)▶2,4 ,26,48,69,85
予洗い▶26,30
読んで美に効く基礎知識▶94

ら

ラウリル硫酸ナトリウム▶79,81
ラウレス硫酸ナトリウム▶81
ラメ▶29
リトマス試験紙▶68,72
リンス▶10,12,58,61,73
レーヨン▶25
冷媒▶14
レモン汁▶61
漏斗▶19
ロタウイルス▶17,62

わ

ワックス▶44
ワラビ▶64

アルファベット

acetic acid▶12
AE▶80,81
AES▶81
amazon.co.jp▶94
ammonia solution▶14
ammonia water▶14
ammonium hydroxide▶14
AO▶81
AS▶79,81
baking soda▶8,9
baking powder▶9
BTB溶液▶68,72
CH$_3$CH$_2$OH▶16
CH$_3$COOH▶12
citric acid▶10
ethanol▶16
ethyl alcohol▶16
H$^+$▶72,74,75
H$_2$O$_2$▶6,84
HOOC・CH$_2$・COH・COOH・CH$_2$COOH▶10
LAS▶80,81
MES▶81
mol▶74
Na$_2$CO$_3$▶4
Na$_2$CO$_3$・NaHCO$_3$・2H$_2$O▶2
NaHCO$_3$▶8
NH$_3$▶14,71
NH$_4$OH▶14
NPE▶81
OH$^-$▶68,71,75
OPE▶81
pH▶68,74,75,76
Pollutant Release and Transfer Register▶80
potential Hydrogen▶74
power of Hydrogen▶74
PRTR▶79,80,95
sesqui▶3
SD▶81
SLS▶81
sodium bicarbonate▶3,8
sodium carbonate▶3,4
sodium percarbonate▶6
sodium sesquicarbonate▶2,3
washing soda▶4

その他

α-SF▶81

α-スルホ脂肪酸エステルナトリウム▶81

2Na$_2$CO$_3$・3H$_2$O$_2$▶6

30％酢酸▶13

アルカリと酸で洗う本
——洗濯と掃除、そしてキッチン——

2011年5月31日　第1刷発行
2015年6月5日　第3刷発行

監修　生活と科学社「石鹸百科」
挿画　西村しのぶ
発行者　山崎亮一
発行所　せせらぎ出版
　　　　〒530-0043　大阪市北区天満2-1-19-21
　　　　電話06-6357-6916　Fax06-6357-9279
編集　米谷千恵（メディアイランド）
装丁・本文デザイン　仁井谷伴子
組版　中務慈子
印刷・製本　(株)明和商会

©2011　Sekkenhyakka, Printed in Japan
ISBN978-4-88416-200-9